ホルモンしま田の世界一わかりやすい

肉の学校

ホルモンしま田

KADOKAWA

家でも肉を
おいしく食べたい

「**試**験に受かった」「仕事がうまくいった」など、何かいいことがあったときに、自然と行きたくなるのが焼肉。焼肉は頑張った自分へのご褒美であり、みんなの〝うれしい〟を共有する特別な食事のひとつでもあります。

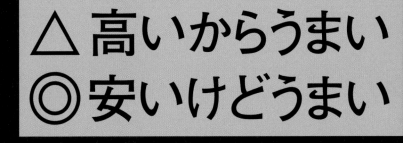

△ 高いからうまい
◎ 安いけどうまい

僕は「高い＝おいしい」は、すべての肉には当てはまらないと思っています。

たとえば、国産牛はA5、B4というように牛

枝肉取引規格に基づいてランク分けされま

肉の食べ方を知ると人生は豊かになる

近年は、原油価格の高騰やそれに伴う家畜の餌の価格の高騰が、肉の価格に大きな影響を及ぼしています。焼肉屋を経営していると日々、肉が高くなってきていることがわかります。特に牛タンやハラミは外国産を仕入れるので、その影響を強く受けました。今後、もっと価格が上がれば、気軽に肉を食べられなく

CONTENTS

3 時限目

テーマ 定番料理

Page.56

4

時限目

<ruby>テーマ</ruby>
保存食

Page.80

5

時限目

<ruby>テーマ</ruby>
世界の肉料理

Page.108

6
時限目

テーマ
肉のお供

Page. 124

●この本のルール

・ 小さじ1は5㎖、大さじは15㎖、ひとつまみは親指、人差し指、中指の3本の指先でつまんだ量、1カップは200㎖、1合は180㎖です。

・ 野菜や果物は、特に表記していない場合は、皮をむいたり、芯や筋を取ったりしています。

・ 塩は天然の塩、オリーブオイルはエキストラバージンオリーブオイル、しょうゆは濃口しょうゆを使用しています。

・ こしょうは特に指定のない場合は、粗挽き黒こしょうを使用しています。

・ 旨味調味料は「味の素®」を、和風だしの素は「ほんだし®」を使用しています。

・ 加熱調理の火加減はガスコンロ使用を基準にしています。IH調理器具の場合は、調理器具の表示を参考にしてください。

・ 電子レンジは600Wのものを基準にしています。500Wなら1.2倍、700Wなら0.9倍の時間で加熱してください。

・ 保存容器は、よく洗って完全に乾かし、清潔にしてから使ってください。

ブックデザイン/
中村圭介、藤田佳奈、平田賞(ナカムラグラフ)
撮影/キッチンミノル
スタイリング/駒井京子
調理アシスタント/三好弥生
校正/田中美穂
編集/上村絵美、中野さなえ(KADOKAWA)

1

時限目

たれ

漬け込みだれ

肉を漬け込んでから焼くためのたれ。
ホルモンしま田のお店で使っている
基本のしょうゆだれ、味噌だれ、塩だれを
作りやすくアレンジ！

焼肉にとって大事なのは、鮮度のいい肉とおいしいたれ。漬け込みだれを使うと、肉がやわらかくなる、くさみが消える、肉汁の流出を防いでジューシーに仕上がるなどといった効果を発揮。ランクの低い肉でもレベルアップさせることができます。また、つけだれを工夫すれば、用意した肉の種類が少なくても、いろいろな味を楽しむことができます。

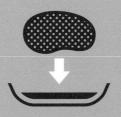

つけだれ

焼いた肉をつけて食べるためのたれ。
ただのたれではなく、
具材の入ったオリジナルつけだれ。
いくつか準備すれば食卓が華やかに。

ホルモンしま田 秘伝の 漬け込みだれ **3**選

1 しょうゆベースの 漬け込みだれ

非加熱のしょうゆベースの生だれです。
にんにくとしょうがでパンチを効かせ、りんごをプラスして
フルーティーな香りに。つけだれとしても使えます。

材料（作りやすい分量）

　　しょうゆ…120mℓ
　　にんにく…4片
　　りんご…⅛個（25g）
　　しょうが…2かけ
A　砂糖…大さじ6
　　みりん…大さじ1
　　レモン汁…小さじ1
　　旨味調味料…小さじ½
　　水…大さじ2
昆布（5×5cm）…1枚

作り方

❶Aをフードプロセッサーに入れ、にんにく、しょうが、りんごがなめらかになるまで攪拌する。

❷保存容器に移して昆布を入れ、粗熱がとれたら冷蔵室に移して一晩おき、昆布を除く。

＊冷蔵室で1カ月間保存可能

POINT

フードプロセッサーを使えば、簡単になめらかになる。ないときは、にんにく、しょうが、りんごをおろし金ですりおろしても。

左からカルビ、ハラミ、ロース、赤身系の肉と相性抜群。焼くとたれの香ばしい香り。から揚げや野菜炒めに使ってもおいしい。

塩だれは牛タン、ロース、豚バラ、豚
タンなど水分が少なめの肉と相性良
し。内臓系の肉は味噌だれにつけ
ると、クセが旨味に変化する。

2
塩ベースの
漬け込みだれ

アレンジ力抜群のシンプルなたれ。
お好みでおろしにんにくを加えると、
さらに香り豊かに。
加熱してあるので1カ月ほど日持ちします。

材料（作りやすい分量）

A | 塩…大さじ1
旨味調味料
　…小さじ½
こしょう…少々
水…50㎖
ごま油…120㎖

作り方

❶Aをフライパンに入れて中火で熱し、ひと煮立ちしたら火を止める。

❷ごま油を加えてよく混ぜ、しっかり冷ます。

＊保存容器に入れ、冷蔵室で1カ月間保存可能

POINT

ひと煮立ちさせて、塩や旨味調味料をしっかり溶かす。火入れをしているので長期保存できる。

3
味噌ベースの
漬け込みだれ

味噌を使った濃厚なたれ。
加熱しないことで、味噌の風味を
残しています。内臓系の肉の独特な
においを抑え、おいしく仕上げる効果あり。

材料（作りやすい分量）

しょうゆベースの漬け込みだれ
　（P.14参照）…80㎖
味噌…80g
砂糖…大さじ2
酒…大さじ2
みりん…大さじ2
ごま油…大さじ2
粗挽き唐辛子（韓国産）…大さじ1
コチュジャン…小さじ1

作り方

すべての材料を混ぜ合わせる。

＊保存容器に入れ、冷蔵室で1カ月間保存可能

おうちで焼肉をするときは、つけだれをいくつか用意すると盛り上がる！ 肉にお気に入りのたれをつけて召し上がれ。

肉がもっとおいしくなる 具入りつけだれ **8** 選

1 塩レモンだれ

たっぷりの長ねぎ&玉ねぎに、
レモンのフレッシュな酸味をプラス。
肉をさっぱり食べたい人に。

材料(作りやすい分量)

長ねぎのみじん切り…½本分
玉ねぎのみじん切り…10g
おろしにんにく…2片分
ごま油…50㎖
A 白いりごま…小さじ½
　塩…小さじ½
　旨味調味料…少々
　こしょう…少々
レモン汁…小さじ½

作り方

❶フライパンにごま油を入れて中火で熱し、長ねぎ、玉ねぎ、おろしにんにくを加えて弱火で炒める。

❷にんにくの香りが立ったら、Aを加えて炒め合わせ、なじんだら火を止める。レモン汁を加えて混ぜる。

＊保存容器に入れ、冷蔵室で2週間保存可能

2 韓国だれ

すりごまとごま油の風味が立った
ピリ辛だれ。しょうゆベースなので、
どんな肉にも合う。

材料(作りやすい分量)

おろしにんにく…1片分
長ねぎのみじん切り…5㎝分
しょうゆ…大さじ3
粗挽き唐辛子(韓国産)…小さじ1
白すりごま…小さじ1
砂糖…小さじ1
ごま油…小さじ1

作り方

すべての材料を混ぜ合わせる。

＊保存容器に入れ、冷蔵室で1カ月間保存可能

3

しょうゆつけだれ

フルーティーな味が特徴。ホルモンを
塩ベースの漬け込みだれに漬けて焼き、
このたれをつけると最高！

材料（作りやすい分量）

レモンの輪切り…1枚
りんご…⅛個
長ねぎのみじん切り…½本分

A
| しょうゆ…180mℓ
| 砂糖…100g
| 酒…大さじ1
| みりん…大さじ1
| 水…大さじ2

作り方

❶レモンとりんごを保存容器に入れる。

❷小鍋にAを入れて中火にかけ、ふつふ
つとしたら木べらで混ぜ、砂糖を溶かす。
火を止めて粗熱をとり、①の保存容器に
入れる。

❸冷蔵室に一晩おいて、レモンとりんご
を除き、長ねぎを加えて混ぜる。

＊冷蔵室で1カ月間保存可能

4

刻みねぎだれ

焼肉屋では定番のタン塩のお供。
牛タン、豚タンはもちろん、
ご飯にのせてもイケる！

材料（作りやすい分量）

長ねぎのみじん切り…1本分
小ねぎの小口切り…3本分
ごま油…大さじ1
しょうゆ…小さじ½
おろしにんにく…小さじ¼
白いりごま…少々
旨味調味料…少々
塩…少々
こしょう…少々

作り方

すべての材料を混ぜ合わせる。

＊日持ちしないので早めに食べきる

5
ねぎサラダだれ

甘辛さと酸味が、シャキッとした
長ねぎの旨味を引き立てる。
肉のアクセントにもなる。

材料（作りやすい分量）

長ねぎ（白い部分）…1本
ごま油…大さじ1
酢…小さじ2
コチュジャン…小さじ1
粗挽き唐辛子（韓国産）…小さじ½

作り方

❶長ねぎは斜め薄切りにし、保存容器に
入れる。

❷そのほかの材料をすべて加え、よく混
ぜる。
＊日持ちしないので早めに食べきる

6
サムジャン

唐辛子や玉ねぎで風味をつけた
辛味噌。サンチュと肉と合わせ、
サムギョプサル風に楽しんで。

材料（作りやすい分量）

青唐辛子（生）…½本
玉ねぎのみじん切り…⅛個分（25g）
にんにくのみじん切り…1片分
味噌…50g
コチュジャン…小さじ2
砂糖…小さじ1
ごま油…小さじ1
水飴（市販品）…小さじ1
白いりごま…少々

作り方

❶青唐辛子は種ごと小口切りにし、保存
容器に入れる。

❷そのほかの材料をすべて加え、よく混
ぜる。
＊冷蔵室で2週間保存可能

7 サルサソース

具材をたっぷり使った
サラダ感覚のたれ。塩こしょうで
味つけした肉にたっぷりかけたい。

8 刻みにんにくだれ

にんにくをガツンと効かせたいときに
のせてみて。ガーリックライスの
素としても使える。

材料（作りやすい分量）

トマト…½個
ハラペーニョピクルス（市販品、写真下参照）
　…5〜6切れ
玉ねぎのみじん切り…⅛個分（25g）
にんにくのみじん切り…½片分
パクチーの粗みじん切り…½株分
白ワインビネガー…小さじ2
塩…少々
こしょう…少々

作り方

❶トマトは5mm角に切り、ハラペーニョピクルスは粗みじん切りにする。

❷すべての材料を保存容器に入れて、よく混ぜる。

＊冷蔵室で3日間保存可能

材料（作りやすい分量）

にんにくのみじん切り…2玉分（100g）
サラダ油…50㎖
こしょう…小さじ1
旨味調味料…小さじ1
砂糖…小さじ½
塩…小さじ½

作り方

❶フライパンにサラダ油を中火で熱し、にんにくを入れて香りが立つまで炒め、火を止める。

❷そのほかの材料をすべて加え、よく混ぜ、粗熱をとる。

＊保存容器に入れ、冷蔵室で1カ月間保存可能

メキシコ料理に使われる青
唐辛子の一種を酢漬けに
したもので、輸入食材店な
どで市販されている。さわや
かな辛さが特徴。

2 時限目

テーマ 選び方

　肉を選ぶときに、最も意識するべきは鮮度。まずはラベルを確認して、「解凍」や「解凍肉」と書かれているものは、再度自宅で冷凍保存するのは避けたほうがよいでしょう。解凍すると細胞が壊れ、ドリップ（肉の内部から出てくる液体）と一緒に旨味が流れ出てしまいます。

　解凍肉でなくても、ドリップが出ると風味は落ちてしまうので、肉を買うときは、パックを傾けてドリップがなるべく少ないものを選ぶのがコツ。

　肉は空気に触れる時間が長いと、色がくすんできます。脂身の部分もくすんで黄色っぽくなってくるので、色も見極めのポイントになってきます。

スーパーで肉を選ぶときは
この**3**つに注目しましょう！

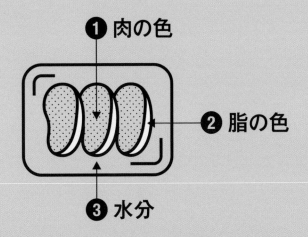

❶ 肉の色

❷ 脂の色

❸ 水分

❶
**肉の色が
鮮やかなもの**

牛肉の場合は鮮やかな赤褐色、
豚肉の場合は薄紅色、鶏肉の場
合は全体的にピンク色で、いずれ
も肉質に弾力のあるものを選びま
しょう。鮮度の悪いものは、空気
に触れる時間が長いため、色が暗
めにくすんでいます。

❷
**脂の色が
なるべく白いもの**

牛肉と豚肉は、脂が乳白色でねっ
とりとしているのが鮮度のよい証
拠。鶏肉の場合は、皮を脂の部分
として考えます。これは白っぽいも
のより、クリーム色をしていて、毛
穴がぶつぶつと盛り上がっている
もののほうが新鮮です。

❸
**水分（ドリップ）が
出ていないもの**

肉から出たドリップは、パックの中
に溜まります。パックを少し傾けて
みたときに、あまりに水分が出てい
るものは旨味が逃げてしまってい
る可能性大。これは牛肉だけでな
く、豚肉、鶏肉などすべての肉に
共通するルールです。

脂がのってやわらかい

牛カルビ
BONELESS SHORT RIB

脂の量
脂が固まっている部分が多すぎると、重たく感じることも。脂が赤身に入っているものはやわらかくジューシー。

筋っぽくない
ただし、筋が多い部分は、その分お得に買えるというメリットも。包丁を入れるなどひと手間加えるなら選ぶのもアリ。

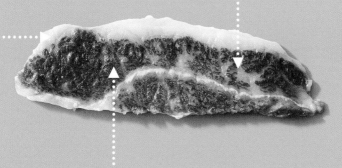

色がくすんでいない
鮮度が落ちるとグレーっぽい色に。ただし、まわりが変色している割引品でも、漬け込みだれを揉み込めばおいしく食べられる。

♥どんな部位？

カルビとは韓国語で肋骨を意味する言葉で、肋骨付近の肉を指します。別名、バラ肉。一般的にはメニュー名で、部位の名称ではありません。カルビという大枠の中で、三角バラ、トモバラ、カタバラ、ゲタ（中落ち）などと細分化されています。比較的脂がのった部分が多く、焼肉との相性は抜群。牛丼に使われることが多いショートプレートなどもバラ肉のひとつ。焼くと熱によって脂肪が溶け、ジュワッと肉の旨味を感じることができます。

♥おすすめの食べ方

しょうゆ系のたれと相性がよく、ご飯のおかずにぴったり。安い肉でもプルコギなど濃いめの味つけにするとおいしい。フライパンで焼く場合は、表面にじんわり肉汁が浮かび上がってきたら裏返し、逆面をさっと焼いて仕上げましょう。焼きすぎると脂が逃げてしまいます。

♥この肉に合うたれ

ねぎサラダだれ
（P.22参照）

たれに熱が加わり、焼肉ならではの香りが食欲をそそる。口に入れ
るとジューシーでやわらかく、溶けるように消えていく。

上品な肉と脂の旨味

牛ロース
LOIN

脂が乾いてない
脂身が乳白色でねっとりとしているものが
新鮮。脂がパサついているものは、冷凍の
においが残っている場合も。

筋っぽくないもの
同じロースでも肩に近いものは
筋が多くかたいが安い。焼肉な
ら避けたほうがいいが、煮込み
料理なら選ぶのもアリ。

脂肪の入り方
脂の部分が大きく固まっていると、くどくて
食べにくいことも。脂肪はキメ細かく入って
いるもののほうが食べやすい。

♥どんな部位？
肩から腰にかけての背肉。ステーキでよ
く使われるリブロースやサーロインもロー
スの一種で、肩ロースはリブロースより肩
側にある肉のことです。キメが細かく適度
に脂肪があり、やわらかいのが特徴。「ロ
ース＝赤身の肉」だと思っている人がよ
くいますが、本来は上質な脂肪が入った
部位です。焼肉屋でロースとして出てく
る肉は、実際には牛もも肉が使われてい
ることもあり、それでロース＝赤身のイメ
ージになったのでしょう。

♥おすすめの食べ方
比較的脂肪が多いときはステーキに、赤
身が多いときはローストビーフにすると
最高。薄切りなら、しゃぶしゃぶやすき焼
きにするのがおすすめです。フライパン
で焼くときはしっかりと加熱し、強火で両
面をさっと焼き上げるのがコツ。焼きすぎ
るとかたくなってしまいます。

♥この肉に合うたれ
しょうゆベースの
漬け込みだれ(P.14参照)

上品な味なので漬けだれはしょうゆ系、塩系どちらも合う。カルビよりもやわらかくジューシー。口の中でふわっと溶ける。

独特の歯応えとさっぱりとした旨味

牛タン
OX TONGUE

焼肉なら根元側

タンはよく動かす先端のほうがかたい。焼肉のときはピンクっぽく、脂がのってジューシーな根元のほうがおすすめ。

血がにじんでいないもの

まれに、タンの中に血が残っているものも。食べてはいけないわけではないが、血の味が強いので避けたほうがベター。

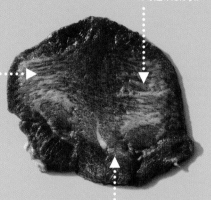

血管がついていないもの

タンには血管がついていることも。気になる場合は取ると舌触りがよくなる。

● どんな部位？

牛の舌で、呼び名は英語のtongueからきています。一頭からわずかしかとれない希少な部位。タン塩、ねぎタン塩など、塩系のたれが相性抜群です。焼肉にする場合は、やわらかい根元のほうがおすすめ。先端はタンシチューなどにして、やわらかくなるまで煮込むと特別感が出ます。他の部位にはない独特の歯応えがあり、噛むごとに甘みを感じます。日本では仙台の牛タンが有名ですが、現地で食べられる牛タンのほとんどは海外産です。

● おすすめの食べ方

弾力がある部位なので、表面に細かい切れ込みを入れると食べやすくなる。フラ

イパンで焼くときは強火で片面に軽く焦げ目をつけ、裏面はさっと炙る程度でOK。刻みねぎやレモンと相性○。

● この肉に合うたれ

塩レモンだれ
（P.20参照）

塩系の漬けだれに合わせて、さっぱりと仕上げるのが定番。レモン
汁をかけてもおいしい！ 焼き過ぎるとかたくなるので、注意。

牛ハラミ
Page.33

牛マルチョウ
Page.34

牛シマチョウ
Page.35

同じ牛の内臓でも、牛ハラミは赤身肉に近い
ことがわかる。こってりとした牛マルチョウ、シ
マチョウは酒のつまみに最高。

まるで赤身のような濃い味わい

牛ハラミ
OUTSIDE SKIRT

身が厚い
肉厚なほうが、焼いたときにジューシーに仕上がる。サシが入ったハラミは"上ハラミ"とされ、よりやわらかい。

色が鮮やか
新鮮なハラミはきれいな暗褐色だが、変色しやすい部位なので若干のくすみはOK。漬け込みだれを揉み込んでから焼くとよい。

脂の量
処理する前はまわりに脂がたくさんついている。赤身っぽい味を求めているなら、脂が多いものは避けたほうが無難。

● どんな部位？
牛の横隔膜の一部で肋骨側をハラミ、頸椎側をサガリと呼びます。赤身に見えますが、日本では内臓に分類。ただし、ホルモンのような特有のにおいはなく、噛むごとに深みのある赤身肉のような味わいが楽しめます。店によっては、ソフトカルビという名称で提供されることも。通常はメンブレンと呼ばれる膜がまわりについており、焼肉では取り除かれますが、おでんなどでしっかり煮込んで食べると、ぷるっとしておいしい。

● おすすめの食べ方
ステーキや炒め物に使うのが一般的。やわらかな部位なので厚切りでもOKです。ブッチャーしまだイチオシのレシピは、スパイスをからめて焼いた牛ハラミをトルティーヤで巻いて食べるビーフファフィータ。焼くときはフライパンを強火で温め、両面しっかり焼き色をつけましょう。

● この肉に合うたれ
サルサソース
（P.23参照）

こってり濃厚な脂の甘みとコク

牛マルチョウ
SMALL INTESTINE

淡いピンクでつやがある
ホルモン系は鮮度が命。鮮度が落ちてくるとハリつやがなくなり、色もグレーっぽく変化。くさみも強くなる。

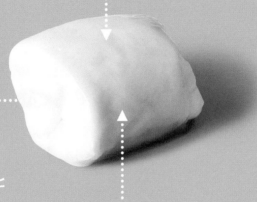

脂がしっかりと詰まっている
消化器官なので、時間がたつと自分の酵素によって、マルチョウのいちばんの魅力である脂肪が分解されてしまう。

汚れがついていない
腸の内側を裏返したものなので、まれに食べた餌がついていることも。下処理の荒さは味やくさみに直結する

🔶 どんな部位？
牛の小腸を裂かずに裏返したもの。同じ小腸でも、裂いたものはコプチャンと呼ばれます。コプチャンとは、韓国語で小腸の意味。内側に脂がたっぷりと詰まっており、生の状態だとぬるぬるしています。くさみが強い部位だと誤解している人もいますが、鮮度が良ければにおいはむしろ少なめ。ホルモン好きにはたまりません。裏返して脂を内側に閉じ込めているから、噛むと脂がしみ出てジューシー。プリッと弾力があり、脂の甘みが感じられます。

🔶 おすすめの食べ方
もつ鍋やもつ煮込み、炒め物などにも使われます。もし長い管の状態のものを見つけたら、そのまま焼いて最後にカットしてみて。脂がぎゅっと閉じ込められて、半端なくジューシー。フライパンで焼くときは、ペーパータオルなどで適度に脂を拭き取りましょう。

🔶 この肉に合うたれ
味噌ベースの
漬け込みだれ（P.17参照）

プリっとした弾力と脂の旨味

牛シマチョウ
LARGE INTESTINE

しまがはっきり見えている
しまが入っているということは、そこがその分肉厚ということ。よりシマチョウの弾力や特有の食感を楽しめる。

淡いピンクでつやがある
マルチョウと同様、劣化してくるとつやがなくなって色味がくすんでくる。くさみが強くなり、味も落ちてくる。

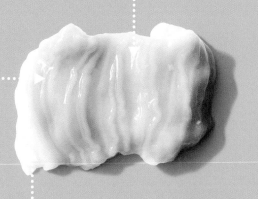

脂がしっかりとついている
脂の量は身に対して1cm程度がベスト。薄いと味けないし、厚いと脂っぽいが、脂が好きな人は厚くてもOK。

❤どんな部位？
牛の大腸で、腸を開いた内側部分がしま模様になっていることから、シマチョウと呼ばれています。テッチャンやテチャンと呼ばれることもありますが、これは韓国語で大腸という意味。脂が少ない外国産より、脂がしっかりついている国産のほうがおいしいです。風味はマルチョウによく似ており、肉厚で弾力が強く、噛むごとに脂の甘みを感じられます。噛みきれないほど弾力のあるものは、包丁で細かく切れ目を入れると食べやすくなります。

❤おすすめの食べ方
もつ煮込みにすると高級感のある味わいに。関西では油かすにも使われます。焼くときはしま模様になっているほうを下にして、七〜八割方火を入れたら裏返し、脂をさっと焼きましょう。軽く焦げているくらいがおいしいです。余分な油はペーパータオルで拭き取って。

❤この肉に合うたれ
しょうゆつけだれ
（P.21参照）

豚バラ
Page.**37**

豚カシラ
Page.**38**

豚タン
Page.**39**

豚肉は牛肉より、やや強めに焼いたほうがおいしい。サムジャンなどのつけだれと一緒に、サンチュやサニーレタスなどで巻くと本格的に。

ジューシーな脂の魅力を味わう

豚バラ
PORK BELLY

「脂」:「脂＋肉」:「肉」の バランスが1:1:1

三枚肉と言われるだけあり、脂の量が重要。ただし、多すぎると肉の魅力が味わえないのでバランスを見るべし。

脂身に光沢がある

脂身が乳白色で光沢があるものは、新鮮である証拠。鮮度が悪くなると、脂身の色が黄色っぽく変化してくる。

赤身がピンク色

運動をしている個体は身が締まって、赤身の色が濃くなる。ピンクっぽいほうが肉質がやわらかく、食べやすい。

🔴どんな部位?

豚の肋骨の下の部分の肉。赤身と脂身が層になっているので「三枚肉」と呼ばれることも。韓国料理のサムギョプサルとは豚バラ肉のことで、皮付きの場合はオギョプサルと呼ばれます。脂身の部分、脂身と赤身が混ざった部分、赤身の部分の幅が均等なほうが上質。スーパーでは、ブロック、厚切り、薄切り、しゃぶしゃぶ用など、いろいろな切り方で用意されています。肉質はやわらかく、しっかり焼いてもかたくなりにくいのが特徴です。

🔴おすすめの食べ方

ブロック肉なら角煮やチャーシュー、厚切りならトンカツやポークソテー、薄切り肉ならしゃぶしゃぶとアレンジ自在。イチオシはブロック肉を使った自家製燻製ベーコン(P.84)です。フライパンで焼くときは中火にし、脂肪に焦げ目がつくまで両面を焼きましょう。

🔴この肉に合うたれ

サムジャン
(P.22参照)

赤身がメインのヘルシーなお肉

カシラ
PORK TEMPLE

色がくすんでいない
比較的色が変わりやすく、ドリップも出やすい部位。鮮度が落ちると、血のような生くささが出てくる。

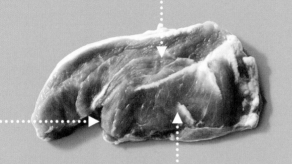

肉の厚み
肉に厚みがあるほうが頬の部分で弾力があり、肉の味が濃い。こめかみの肉は、味が薄めでやわらかくジューシー。

骨がついていない
骨がついていることがあるので、必ず確認を。ついていると、食べたときにガリッと骨に当たってしまうことも。

❤どんな部位?

その名の通り、豚の顔の部分の肉のことですが、頬やこめかみ部分をまとめてカシラと呼ぶことが多くあります。頬の部分は肉厚で歯応えがあり、こめかみの部分はやわらかめ。見た目は赤身の肉のようですが、ホルモンに分類されます。脂が少なくヘルシーな部位ですが、店によってはまわりの脂を多めに残している場合もあります。埼玉県東松山市近郊では、「やきとり」という名前なのに豚のカシラが使われていることもあるそうです。

❤おすすめの食べ方

焼きとん屋では、カシラは定番。店によっては、もつ煮込みにカシラが混ざっていることもあります。手に入れたカシラが分厚いときは、包丁を入れて厚みを均等にしましょう。フライパンで焼くときは中火にし、しっかりと温めてから両面に焼き目をつけます。

❤この肉に合うたれ

刻みにんにくだれ
（P.23参照）

脂肪が少なくあっさりしたうまさ

豚タン
PORK TONGUE

色がピンクっぽい
豚の舌は小さいので1本単位で売られていることが多い。ピンクっぽいほうが、脂肪が多い個体でやわらかくジューシー。

肉にハリがある
時間がたったものはハリがなくなり、角が潰れてしまう。しっかりとハリがあるもののほうが鮮度がいい。

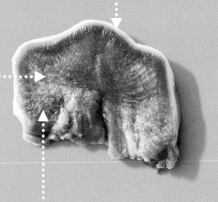

冷凍品は避ける
劣化スピードが早い部位。特に一度冷凍したものは、鮮度が落ちやすい。買ったら冷凍せずに、すぐに使うのがベスト。

● どんな部位？
豚の舌で、1頭から200〜300gしかとれない希少部位。牛タンは皮がかたいため、むいてからカットされますが、豚タンの皮はやわらかいのでそのまま食べても問題はありません。牛タンに比べて脂っぽくなくヘルシーです。少し脂っぽいほうが好きな人は、根元のほうを選ぶとややジューシー。味はクセが少なく、弾力があり、噛むたびに旨味を感じます。安い食べ放題コースに入っているタンは、豚タンを使用している場合が多くあります。

● おすすめの食べ方
焼きとんのほか、ゆでタンや燻製として食べられています。串に刺して焼くともちろんおいしいですが、串のままおでんの具材にするのもアリ。フライパンで焼くときは、中火で両面に焼き目をつけましょう。ただし、焼き過ぎるとかたくなってしまうので注意。

● この肉に合うたれ
塩ベースの
漬け込みだれ（P.17参照）

豚レバー
Page.**42**

豚ハツ
Page.**41**

豚シロコロ
Page.**43**

スーパーでも比較的手に
入りやすい豚ホルモン3種。
牛よりもクセがあるので、焼
く前にはていねいに水洗
いするなど下処理は必須。

40　　2時限目 テーマ　 選び方

コリコリとした食感がクセになる

豚ハツ
PORK HEART

色が鮮やかでつやがある

鮮度が悪いと灰色がかった茶色っぽい色味に。本来フレッシュな味であるものが、アクの強い、にごった味になる。

角が立っている

鮮度がいいものは、角がピンと立っている。丸みを帯び、血がにじんできているものは、劣化している証拠。

余分な血管や筋が処理されている

血管や筋が残っていることが多いので、なるべくきれいに処理されているものを。皮はやわらかいので取らなくてOK。

● どんな部位？

豚の心臓。英語のHeart（ハート）がなまって、いつしかハツと呼ばれるようになりました。大きさは300gほど。血が多く、鮮度が悪くなりやすい部位です。おいしく食べたいなら、新鮮なものを手に入れたうえで、いかに早く調理するかが重要になってきます。新鮮なうちはシャキシャキ、コリコリとした歯応えで、さっぱりとした味わい。クセが少なく食べやすいのですが、灰色がかってくると独特のにおいが強く出てきてしまいます。

● おすすめの食べ方

焼きとんか焼肉にするのが一般的ですが、薄切りにし、さっとゆでてポン酢で食べるのがイチオシ。火が通りやすい部位なので、焼くときは中火にして片面に七割方火を通し、裏返したら表面を軽く焼くのがポイント。焦げ目がつかないように、加減してください。

● この肉に合うたれ

塩ベースの
漬け込みだれ（P.17参照）

キメ細かくふんわりとした歯触り

豚レバー
PORK LIVER

色が鮮やかでつやがある
赤黒くて、発色がクリアなものが新鮮。鮮度が落ちると色がくすみ、緑がかった灰色になってしまう。

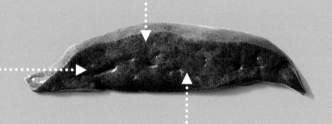

角が立っている
鮮度のいいものは角が立っており、時間がたつとへたってくる。鮮度が落ちるとくさみが強くなり、食べにくくなる。

血管が多くない
ぶつぶつしている部分は血管。細いものは気にならないが、大きな空洞のあるものは独特の歯応えがある。

❤どんな部位?
豚の肝臓。牛のレバーに比べるとややにおいがありますが、鮮度の良いものなら、くさみ消しの処理は必要ありません。ただし、どうしても血を感じる味わいなので、苦手な人も多くいます。気になる人は日本酒や牛乳で洗うと、くさみが減って食べやすくなります。加熱しすぎるとボソボソした食感になってしまうので、焼き加減はかなり重要。一時期、牛レバ刺しの代替品として、豚レバ刺しを提供する店がありましたが、絶対に加熱が必要です。

❤おすすめの食べ方
フライにすると、外はサクサク、中はふわっとしておいしい。クセの強いもの同士を合わせる、レバニラ炒めも豚レバーの定番です。フライパンの場合は、火を通し過ぎないように様子を見るためにも、中火から弱めの中火で、何度かひっくり返しながら両面を焼きましょう。

❤この肉に合うたれ
しょうゆつけだれ
（P.21参照）

噛むごとに旨味があふれる

シロコロ
PORK INTESTINE

中に脂が詰まっている
時間がたつと脂が減ってしまう。買ってすぐに使わないのであれば、一度ボイルしておくと身が小さくなりにくい。

淡いピンク色でつやがある
時間がたつと自分の酵素により、ハリが失われていく。特に豚の内臓はクセがあるので、それがさらに強くなる。

カットが大きめ
焼肉に使うときは、カットが小さいと網から落ちてしまう。ある程度大きさがあったほうが、食べ応えも◎。

❤どんな部位?
豚の大腸を裂かずに裏返して、中に脂を閉じ込めたもの。大腸を裂いてカットしたものが、いわゆる「豚ホルモン」です。牛の大腸であるマルチョウに似ていますが、若干の豚くささはあります。新鮮な場合でもくさみが強いときは、ざるに入れてこすり洗いし、塩で揉んでぬめりをとると控えめになります。油は甘く、プリプリ、グニュグニュした食感で、噛むごとに旨味があります。クセはあるけれど、独特の味わいがたまらない部位です。

❤おすすめの食べ方
焼肉にするのなら、炭火で焼くのが断然おすすめです。フライパンで焼く場合は脂がどんどん出てくるので、ペーパータオルで拭き取りながら仕上げましょう。もつ煮込みにするときは、長ねぎの青い部分と一緒に下ゆでしたほうが、くさみがなく仕上がります。

❤この肉に合うたれ
味噌ベースの
漬け込みだれ(P.17参照)

鶏もも
Page.45

鶏むね
Page.46

鶏レバー
Page.47

どこのスーパーでも手に入る鶏肉は、庶民の味方。鶏ももはジューシーに、鶏むねはさっぱりと、鶏レバーはふっくら仕上げるのが理想。

やわらかく旨味たっぷりでジューシー

鶏もも
CHICKEN THIGH

肉厚でハリがある
しっかりと筋肉のある個体は、肉厚でハリがある。焼いたときにも肉汁が多くジューシーで、肉の旨味も強い。

ドリップが出ていない
特に冷凍解凍品はドリップが出やすいが、値段が安いというメリットも。その日のうちに使うならお得といえる。

皮がクリーム色
皮がクリーム色で毛穴が目立つものが新鮮。鮮度が落ちると、皮が白くなり、毛穴が目立たなくなってくる。

● どんな部位？
鶏の脚の付け根部分の肉。筋肉質で適度に脂がのっており、やわらかいのが特徴。旨味とコクがあってクセも少なく、どんな料理にも合わせられます。肉質はみずみずしく、噛むとジュワッと肉汁がにじみ出します。現代は品種改良が進み、手に入りやすくなりましたが、明治〜昭和初期くらいまでは豚より高価だったため、代替品として豚肉を使った「やきとり」が生まれました。脂肪のほとんどは皮で、皮を取るとカロリーは3分の2ほどになります。

● おすすめの食べ方
から揚げ、照り焼き、シチュー、ローストなど自由自在。ブッチャーしまだのイチオシは何と言ってもから揚げですが、いつものから揚げでも塩レモンだれ（P.20）やサルサソース（P.23）をかけるとまた違った味わいに。焼くときは皮目のほうをよく焼いて、パリッとさせるとおいしい。

● この肉に合うたれ
塩レモンだれ
（P.20参照）

淡白であっさりした肉の代表！

鶏むね
CHICKEN BREAST

皮がクリーム色

鶏もも肉と同様、皮はクリーム色で毛穴が
目立つものほど新鮮。ただし鶏むね肉は、
皮なしを選ぶのもひとつの手。

ハリがあって
みずみずしい

肉質がやわらかいものは鮮度
が落ちている可能性が高い。ド
リップがなく、ハリがあり、薄い
ピンク色のものがよい。

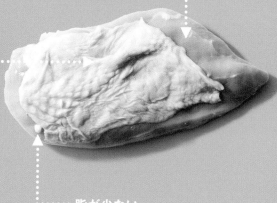

脂が少ない

鶏むね肉にヘルシーさを求めるなら、黄色
く固まった脂肪は少ないほうが◯。100g
あたりの価格を考えてもお得。

♥どんな部位？

翼の付け根から肩にかけての肉で、鶏の
正面に位置する部位です。鶏もも肉より
も脂肪が少なく淡白で、あっさりした味わ
い。高温で加熱すると身が締まってかた
くなるので、ゆっくり加熱するのがコツ。
低温調理器などを使えば、さらにしっとり
と仕上がります。安価で良質なたんぱく
源として人気で、糖質制限をしている人
の主食といってもいい立ち位置。鶏もも
肉と同じように、皮には脂肪が多いの
で、気になる人ははずして調理しても。

♥おすすめの食べ方

蒸し鶏やサラダチキンが人気。どの具入
りつけだれ（P.20〜）と合わせても、一品と
して成立します。低温で火を通すほうが
おいしいので、低温調理器が大活躍。フ
ライパンの場合は火を通し過ぎるとかた
くなるので、弱めの中火でゆっくり火を通
しましょう。

♥この肉に合うたれ

刻みねぎだれ
（P.21参照）

しっとりとしたとろける食感

鶏レバー
CHICKEN LIVER

色がくすんでいない
鮮度が良い鶏レバーは、赤みを帯びたピンク色。鮮度が悪いと色がくすみ、鶏独特のくさみが出てきてしまう。

水っぽくない
ドリップの出やすい部位。パックの中で水っぽくなっているなら、時間がたち、鮮度が落ちている可能性がある。

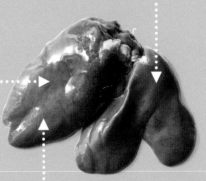

白っぽくてもOK
色が白っぽい理由は、脂肪が多いから。特に白いものは、"白レバー"と呼ばれ、希少部位として扱われる。

▼どんな部位？
鶏の肝臓。心臓（ハツ）とつながった状態で、一緒に売られていることもあります。鉄分が豊富で血の風味はややするものの、牛や豚のレバーよりはクセがなく、食べやすい部位です。鮮度がよいものを流水で洗ってから調理すれば、臭みはかなり少なくなります。コクがあり、濃厚な味わいで、口当たりはなめらか。ただし、豚レバーと同じように、焼き過ぎるとパサつき、ボソボソになってしまうので、加熱し過ぎないように注意しましょう。

▼おすすめの食べ方
焼鳥やもつ煮込みのほか、ペースト状のレバーパテにしてパンなどにつけると、おしゃれなごちそうに。意外かもしれませんが、から揚げやフライにしても合います。フライパンで焼くときは焦げないように注意し、中火で時々ひっくり返しながら焼き過ぎないように火を通します。

▼この肉に合うたれ
しょうゆつけだれ
（P.21参照）

牛ステーキ肉の選び方

サーロイン
SIRLOIN

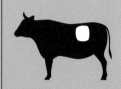

1頭から20kgほどしかとれない最高級肉。キメが細かくやわらかで、脂身と赤身のバランスが良く、肉の旨味を存分に感じられます。

脂肪が細かく入っている

和牛のこってり感を求めるなら、細かくサシが入っていて、肉質もキメが細かいものがやわらかい。

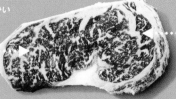

弾力があり面積が大きい

肉に弾力のあるものが新鮮。なるべく面積が大きいもののほうが、特に上質である確率が高い。

ヒレ
FILLET

全体の3%ほどしかとれない胴体の中心部にある赤身肉。ヒレの中で特に肉厚でやわらかい部分を「シャトーブリアン」と呼びます。

赤身のキメが細かい

キメの細かいものを選んだほうが、口当たりがなめらかでやわらかなヒレの魅力を味わえる。

繊維に締まりがある

肉の繊維が開いておらず、ぎゅっと締まっていてハリがあるもののほうがより上質。

ステーキ肉には、牛の中でも上質な肉が選ばれますが、それぞれの肉にはどういった
特徴があるのでしょうか？　どこの部分の肉なのか、どんな味がするのか、そしてそもそ
もどこを見て選ぶのがベストなのか。代表的な4つの部位から学んでいきましょう。

イチボ
AITCHBONE

サーロインから続くももの部分。リブロース、サーロイン、ヒレに続く
評価の高い部位。肉質はやわらかくて味が濃いと言われます。

**表面の脂が
程良い**
表面の脂を適度に処理し
てあるものがおすすめ。脂
が多いと、焼くと肉が小さ
くなる。

筋っぽくない
筋肉の筋っぽい部分が入
っている場合がある。かた
くて食べにくいので、なる
べく少ないものを。

肩ロース（アメリカ産）
SHOULDER LOIN

肩側のロース肉で、脂肪と赤身がバランス良し。キメが細かくやわらか
な和牛に比べ、外国産は赤身が多い。肉本来の旨味を感じられます。

筋が多すぎない
肩肉なので本来筋が多め。
特にネック側は筋が多い
が、豪快な海外のステーキ
を目指すならあり。

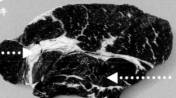

ロース芯の大きさ
リブロースに近いとロース
芯が大きくやわらかいが、
写真のようなネック側の肉
は歯応えがある。

牛ステーキ肉の焼き方

材料(1人分)

牛ステーキ用肉(サーロイン、厚さ1.5cmのもの)
　…1枚(200g)
塩…1.6g(肉の重さに対して0.8%)
こしょう…少々
オリーブオイル…大さじ1
有塩バター…10g

＼ サーロインで解説します！ ／

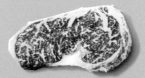

❶ 肉に塩、こしょうをふる

肉は常温に戻すと火が入り過ぎてしまうので、焼く直前に冷蔵庫から取り出す。水けをペーパータオルで拭き取り、両面に塩、こしょうをふる。

❷ フライパンで片面を焼く

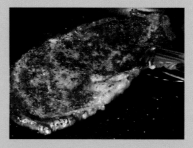

フライパンにオリーブオイルとバターを入れて中火で熱し、フライパンが十分に温まったら肉を入れ、側面が七割方白くなるまで3分ほど焼く。

❸ 裏と側面も焼く

裏返して、レアなら20秒、ミディアムなら40秒焼く。肉をトングでつかんで立たせ、側面もそれぞれ15秒焼く。

❹ アルミホイルで包む

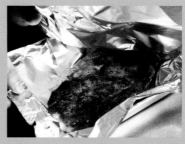

肉をフライパンから取り出し、アルミホイルで包んで3分ほどおき、余熱で火を通す。好みで焼いたにんにくをのせても。

今回の焼き方はウェルダンで、中まで余熱でしっかりと火を通した。
肉汁は内部に閉じ込められているので、噛むほど肉汁が溢れてくる。

51

コラム ホットプレートで家焼肉

スーパーで新鮮な肉を手に入れたら、さっそくおうち焼肉に挑戦してみましょう。
お店みたいに炭火やロースターを用意してもいいけれど、
やっぱり手軽なホットプレートがいちばん！
みんなでおいしく楽しめる、ブッチャーしまだ流の家焼肉のルールをご紹介します。

肉は1人につきたっぷり400gで腹パンに！

　焼肉やバーベキューをするときに用意するべき肉の量は、一般的に男性300g、女性は200gと言われています。でもこれは、サイドメニューやデザートも食べるという前提。肉をメインにがっつりいきたいし、万が一足りなくなるとせっかくの焼肉なのになんだか悲しくなるので、僕の場合は1人につき400gと多めに用意します。

　野菜を用意するなら玉ねぎ、長ねぎ、じゃがいも、エリンギなどがおすすめ。どれも焼きやすく、肉の脂を適度に吸ってさらにおいしくなります。

ホットプレートの温度は200℃設定で！

　ホットプレートを準備したら、まず全体に油を塗ります。普通のサラダ油でもいいですが、鶏油やラード、ヘッド（P.98〜101）などがある場合は、ぜひ使ってみてください。ない場合でも、スーパーの肉コーナーには牛脂が置いてある場合が多く、ほとんどが無料でもらえるので、お買い物ついでにゲットしましょう。

　ホットプレートの温度は、200℃設定が基本。温度表示のないホットプレートの場合は、中火から強火の間くらい。温度が低すぎるとおいしく焼けないし、温度が高すぎるとオイルミストが発生して部屋ににおいが残りやすくなってしまいます。

事前準備をしっかりして熱々を食べよう！

　ホットプレートを使う最大の魅力は、なんと言っても熱々のうちに食べられること。焼いてからアレコレ準備したら冷めてしまうので、肉を漬け込みだれ（P.14〜17）につける、野菜を食べやすい大きさに切る、つけだれ（P.20〜23）を用意するなど、下準備をしっかりしておきましょう。もちろん、お酒やご飯の準備も忘れずに！

　焼くときは牛タンなど、塩だれ系のさっぱりした肉から、カルビ、ハラミなどのしょうゆだれ系、ホルモンなどの味噌だれ系と、徐々に濃いものへ移っていくと、肉のおいしさを存分に感じられます。

　と、ここまでルールをなんだかんだ言ってきましたが、最終的には細かいことは気にしない！　楽しければオールOKです。

家焼肉の掟（おきて）
- ☑ 肉は大事に育てるべし
- ☑ 味変もいろいろ用意すべし
- ☑ 欲張って肉を買い込むべし

53

対談 家焼肉どうしてる?!

ホルモンしま田の創業メンバーは、学年は違うけれど、
同じ小学校に通っていた幼なじみ。みんな地元群馬の豚肉をこよなく愛しており、
自宅でも仲間同士でも家焼肉を楽しんでいます。
創業メンバー3人で、焼肉へのこだわりを語りました。

⇨今回の参加者

 ブッチャーしまだ
ホルモンしま田の代表。好きな酒はビール、ビール、ビール!

 そうすけ
創業メンバー。焼肉のお供は酒より白飯。〆もガッツリ派。

 いぶし銀銀丸
広報担当。レモンサワー好き。ブッチャーしまだの影武者という噂も。

前橋の肉屋さん
オリジナルの
漬けだれの味を楽しむ!

🐷 家焼肉やろうぜ!って友達を集めると、いろんな種類の肉を食べられるのが楽しいよね。つけだれもたくさん用意して、組み合わせを試したり。

😊 しまださんは料理ができますからね。俺もちょっとずつ、いろんな種類を買って楽しみたいタイプ。同じホルモンでも、買う店によって味つけが違うから、前橋の肉屋さんをぐるっと回ってます。

😎 お肉屋さんにある、あの袋に入ってるホルモン、うまいよね。

😊 そうそう、前橋は昔からの老舗のお肉屋さんがたくさんあるからいろいろ部位を選べるのも楽しい!

🐷 道の駅の肉も外せないよ! 群馬は畜産も盛んで新鮮なホルモンの種類が多いから、いろいろ回るのはたしかに楽しい

と思う。

😎 俺も家でホルモン焼きたいけど、奥さんがにおいがつくのが嫌だって……。

🐷 においが気になるって人、多いよね。でも自分は焼肉屋あるあるなのか……においが全然気にならなくなってるかも。

😊 感覚がずれてきちゃいますよね。でも、テーブルクロスとか新聞紙を敷けば、少しマシになりますけどね〜。

焼肉はもっと気楽に
小規模でやってもいい

🐷 YouTubeでもやったけど、最近はあんまり煙が出ないロースターもあるよね。イワタニの「やきまる」は、適度に脂も落としてくれるし、よかった記憶。うちで最近使っているのは動画で使用したニトリのホットプレート。網が特徴的でいい感じ!

😎 うちはイワタニの「焼き上手さん」。カセットボンベ式だから、キャンプでも使えて便利なんですよ。

そ 最近は、一人暮らし用の小さなホットプレートも出てるよね。

い そうそう！　あれは便利だと思う。

ブ フライパンで焼くとどうしても食べるときには冷めちゃうけど、ホットプレートなら熱々のまま食べられるじゃん？　たくさん人を呼んでパーティーをするのもいいけど、焼肉ってもっと気楽にやってもいいよね。肉も豚バラだけとかで。

そ 休日にビールを飲みながら、マイペースにだらだら肉焼いて食べるのも楽しいだろうな〜。

野菜とお酒、そして 白いご飯があると最高!

ブ 大人数で焼肉やるなら、野菜や酒もしっかり準備したいよね。野菜は長ねぎ、玉ねぎが好きだな〜。肉の脂を吸ってもおいしくなるし。

い 俺はにんにく！　アルミケースに油と一緒に入れてホットプレートの端に置いておくと、いつの間にかうまくなってるし。

そ 俺はサニーレタスをサンチュみたいに巻きます。そんでご飯はフルセット。ご飯がないとソワソワしちゃうんで（笑）。

ブ 肉にご飯って最強だよね。でも、酒も飲みたいからな〜。

い 俺は焼肉には絶対レモンサワー！

↑好みのたれや調味料を数種類用意するだけで、家焼肉の満足感はさらに上がる。

ブ 自分はまずはすっきりしたラガー系を飲んで、まだ酔ってないうちにIPA、お腹がいっぱいになってきたらまたすっきりしたラガー系に戻るって感じかな。

そ ざっくりと「俺はビール」じゃないんですね。こだわり強すぎ！（笑）

楽しく食べて飲んでたら いつの間やら夢の中?!

ブ 〆はどうしてる？　自分はアイス。

い ってか、いつもその前に寝てますよね？　10分たったら起こしてねって言って。

そ そうそう。それで朝まで寝てる！

ブ みんなが起こしてくれないからー。

い 起こしてますよ！（笑）。でも全然起きないから、そのまま2人で一緒に〆のラーメン食べに行くもんな。

そ しまださん放っておいてね。

ブ そうだったんだ！　知らなかった。

い＆そ ビール飲み過ぎなんだよ！（笑）

3 時限目

テーマ 定番料理

　ブッチャーしまだがトライ＆エラーを繰り返して到達した、至高の定番肉料理をご紹介します。

　肉は高温で火を通すとかたくなってしまいます。それをわかっていないと、から揚げをカラッとさせたくて高温で揚げたばかりに、火を通し過ぎてしまったり、中まで火が通っていなかったりという失敗も。

　肉の性質を理解していれば、中温で揚げてから一度取り出し、余熱で火を通してから、高温で二度揚げしてカラッと仕上げるなどといった工夫もできるようになります。

No.1
やわらか
豚しょうが焼き
Page.58

No.2
プルプルもつ煮
Page.60

No.3
ジューシーから揚げ
Page.62

No.4
進化系TERIYAKI
Page.66

No.5
マジうま角煮
Page.68

No.6
居酒屋つまみの定番
ハムカツ
Page.70

No.7
肉汁ハンバーグ
Page.72

No.8
肉屋の肉豆腐
Page.74

No.9
自慢の酢豚
Page.76

57

ボリューム満点!

やわらか豚しょうが焼き

肉に片栗粉をまぶすことで肉汁を閉じ込め、
味がよくからむように。肉と玉ねぎを分けて焼けば、
焼きムラなくやわらかく仕上がります。

材料(3人分)

豚ロースしょうが焼き用肉
　…300g
玉ねぎ…½個(100g)
酒…大さじ1
塩…少々
こしょう…少々
片栗粉…適量
サラダ油…大さじ1
合わせ調味料
　おろししょうが…1かけ分
　砂糖…小さじ2
　しょうゆ…大さじ½
　みりん…大さじ½

作り方

❶玉ねぎは縦薄切りにする。バットに豚肉を入れ、酒を揉み込み、塩、こしょうをふって片栗粉を全体にまぶす。

❷フライパンにサラダ油を入れて中火で熱し、玉ねぎを炒める。しんなりしたらいったん取り出す。

❸同じフライパンに豚肉を入れ、色が変わるまで両面焼き、②を戻し入れる。合わせ調味料を加えて全体にからめ、汁けが少なくなるまで炒める。

❹器に盛り、好みでせん切りキャベツ、貝割れ菜、トマト、マヨネーズを添える。

Point

豚肉に片栗粉をまぶしたら、手ではたいて余分な粉を落とす。片栗粉をまぶすことで豚ロース肉の旨味を閉じ込め、しっとり焼き上がる。

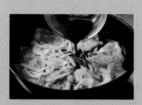

合わせ調味料は肉を焼いてから最後に加える。肉に漬け込んでおくと、焼くときにしょうゆが焦げてしまうため。

お店の味を再現!

プルプルもつ煮

たっぷりの香味野菜をごま油で炒め、味噌で煮込むことで、
もつ特有のにおいも気になりません。
煮た後にそのままおいて冷ますことで味を含ませます。

材料(4〜5人分)

豚白もつ(ボイル済みのもの)
　…300g
大根…¼本(250g)
こんにゃく(あく抜き不要のもの)
　…100g
長ねぎのみじん切り
　…5cm分
玉ねぎのみじん切り…¼個分
にんにくのみじん切り…1片分
しょうがのみじん切り…1かけ分
白すりごま…小さじ2½(5g)
ごま油…大さじ½

煮汁
| 和風だしの素…小さじ2(5g)
| 水…1ℓ

合わせ調味料
| 赤唐辛子の輪切り…1つまみ
| 味噌…30g
| しょうゆ…大さじ2
| みりん…大さじ2

下準備

・白もつはかぶるくらいの水で15分ほど下ゆでし、ざるに上げ、流水でさっと洗う。

・大根はいちょう切りにし、かぶるくらいの水で15分ほど下ゆでし、ざるに上げる。

作り方

❶こんにゃくは水でよく洗い、縦半分に切ってから短冊切りにする。

❷鍋にごま油を入れて中火で熱し、長ねぎ、玉ねぎ、にんにく、しょうがを入れて炒める。しんなりしたら、煮汁、下準備した白もつを加えて煮る。

❸ふつふつとしたら、下準備した大根、①のこんにゃくを加え、ふたをして弱火で1時間煮る。

❹合わせ調味料を加えてひと煮立ちしたら、すりごまを加える。アクを除きながら弱火でさらに1時間煮る(煮詰まったら水適量を足す)。火を止め、そのままおいて冷ます。

❺食べるときに再び火にかけて温め、器に盛り、好みで長ねぎ、タテギ(下記参照)を添える。

Point

豚白もつはボイルしてあるものでも、下ゆでは必要。下ゆでしてくさみを除くと、仕上がりに差がつく。

白すりごまは、最後に加える。コクと香りが飛ばずに、きちんと残る。

タテギ

材料(作りやすい分量)
粉唐辛子(韓国産)…大さじ6
にんにくのみじん切り…2片分
しょうがのみじん切り
　…1½かけ分
ごま油…大さじ3
白すりごま
　…大さじ1
しょうゆ…小さじ2

作り方
すべての材料を混ぜ合わせる。
＊保存容器に入れ、冷蔵室で2週間保存可能

61

カリッジュワ！

ジューシーから揚げ

しょうゆベースの漬け込みだれ(P.14)を使った
ブッチャーしまだ流から揚げアレンジ。
衣は小麦粉と片栗粉をミックスすることで、カリザク食感に。

材料(2人分)

鶏もも肉…1枚(250g)
香味だれ
　おろしにんにく…1片分
　おろししょうが…½かけ分
　しょうゆベースの漬け込みだれ
　　(P.14参照)…大さじ2
　塩…少々
　こしょう…少々
片栗粉…大さじ2
小麦粉…½カップ
揚げ油…適量

作り方

❶鶏もも肉は大きめの一口大に切り、ボウルに入れて香味だれを揉み込む。

❷バットに片栗粉と小麦粉を入れてよく混ぜる。①の汁をきって入れ、1切れずつしっかりまぶす。

❸フライパンに揚げ油を3cm深さまで入れて、中火で熱する。中温(170℃)になったら②を入れ、菜箸で上下を返しながら5分揚げる。油をきって、いったん取り出し、3分おく。

❹揚げ油を高温(180℃)に熱し、③を戻し入れて、表面がカリッとするまで1〜2分揚げる。油をきって取り出し、器に盛る。好みでレモンを添える。

Point

たれを手で揉み込んで、しっかり味をつける。鶏肉は加熱すると縮むので、やや大きめに切るのがおすすめ。

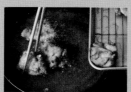

低めの温度で揚げ、いったん休ませることで余熱で火を通す。温度を上げて二度揚げすれば、失敗せずにカリッと仕上がる。

和風アメリカン！

進化系TERIYAKI

照り焼きはアメリカでもTERIYAKIとして大人気。
オーブンで焼くことで、照りつやよく、やわらかジューシーな仕上がりに。
ほのかな酸味と、にんにく&しょうがの風味が食欲をそそります。

材料(2人分)

鶏もも肉…大1枚(300g)
香味だれ
　しょうゆ…大さじ5
　砂糖…大さじ2
　酢…大さじ2
　おろししょうが…小さじ½
　おろしにんにく…小さじ½
　粗挽き唐辛子(韓国産)
　　…少々
水溶き片栗粉
　片栗粉…小さじ2
　水…大さじ2

作り方

❶小鍋に香味だれの材料を入れて中火にかけ、ひと煮立ちしたら水溶き片栗粉を加えて木べらで混ぜ、とろみがついたら火を止める。そのままおいてしっかり冷ます。

❷鶏肉をバットに入れ、①をかけてよくからめる。オーブンを200℃に予熱する。

❸耐熱皿に油(分量外)を薄く塗り、②を皮目を上にして汁ごとのせる。アルミホイルを鶏肉にかけ、200℃のオーブンで10分焼く。いったん取り出して裏返し、再度アルミホイルをかけ、オーブンに入れて10〜15分焼く。

❹オーブンから取り出し、粗熱をとり、食べやすく切って器に盛る。耐熱皿に残ったたれをかけ、好みで白いりごま、小ねぎの小口切りをふる。

Point

バットに鶏肉を入れたら、たれをかけ、トングで裏返しながらしっかり味をからめる。

途中取り出して、トングで素早く裏返し、反対側も焼く。熱くなっているのでやけどに注意する。

焼肉屋が本気で作る

マジうま角煮

大事なのではじめに言います。
ゆで卵を入れるタイミングは、肉を煮込み終わってからです！
肉は焼き目をつけると、煮くずれず味はしみしみに。

材料(4〜5人分)

豚バラかたまり肉
　…800g(400g×2本でも可)
ゆで卵…4個
みりん…1カップ
しょうゆ…大さじ5
煮汁
　しょうがの薄切り…1かけ分
　長ねぎの青い部分…1本分
　酒…1カップ
　水…3カップ強

作り方

❶豚肉は4〜5cm幅に切る。フライパンを中火で温め、豚肉を入れてトングなどで返しながら、こんがりと焼き色がつくまで焼く。

❷鍋に①、煮汁を入れて中火にかけ、沸騰したら弱火にする。オーブンペーパーで落としぶたをし、途中でアクや余分な脂を除きながら1時間煮る。

❸しょうがと長ねぎを除き、みりん、しょうゆを加える。再び落としぶたをし、さらに弱火で30分煮て、火を止める。ゆで卵を加え、30分おく。

❹食べるときに再び火にかけて温め、器に盛り、好みで白髪ねぎを添える。

Point

豚肉の表面を先に焼きつけておくことで、煮くずれを防ぎ、余分な脂を落とす効果も。

オーブンペーパーを鍋の大きさに合わせて切り、落としぶたに。なければアルミホイルでもOK。対流ができ、煮汁がしっかり行き渡る。

俺は厚切り派!

居酒屋つまみの
定番ハムカツ

ハムカツは、ロースハムだとかたくなってしまいます。
ボロニアソーセージを使えば、
厚切りでも外はカリカリ、中はふんわり食感に。

材料(2〜3人分)

ボロニアソーセージ…300g
バッター液
　小麦粉…大さじ4
　溶き卵…1個分
　水…小さじ2
パン粉…適量
揚げ油…適量
トマトケチャップマスタードソース
　中濃ソース…大さじ3
　トマトケチャップ…小さじ1
　粒マスタード…小さじ1
ヨーグルトソース
　プレーンヨーグルト…大さじ5
　トマトケチャップ…大さじ1
　ウスターソース…小さじ1
　塩…小さじ¼
　こしょう…少々

作り方

❶ボロニアソーセージは1cm厚さに切り、6枚作る。トマトケチャップマスタードソースとヨーグルトソースの材料をそれぞれ混ぜて器に入れる。

❷ボウルにバッター液の材料を入れてよく混ぜる。①のボロニアソーセージを1切れずつ入れてくぐらせ、パン粉をまぶし、バットにのせる。ラップをかけて冷蔵室に10分ほどおき、衣をなじませる。

❸フライパンに揚げ油を1cm深さまで入れて、中火で熱する。中温(170℃)になったら②を入れ、途中返しながら、4分揚げる。カラリとしたら油をきって、取り出す。

❹半分に切って器に盛り、①のソースを添える。好みでキャベツのせん切りを添え、ソースをつけて食べる。

Point

豚肉の赤身で作られた太いソーセージ。大きめにカットした脂肪が特徴的。色はピンクでハムのような見た目をしている。

パン粉をまぶしたら冷蔵室で休ませることで、衣がしっかりとつき、揚げたときに取れにくくなる。

『ご飯おかわり！』って言われる

肉汁ハンバーグ

肉汁が溶け出さないように、
氷水で冷やしながらこねると、できあがりがジューシーに。
火を止めて予熱で火を通すのもポイントです。

材料（2個分）

合いびき肉…300g
玉ねぎのみじん切り
　…¼個分（50g）
溶き卵…1個分
パン粉…大さじ4
牛乳…大さじ3
サラダ油…大さじ1½

下味
　塩…小さじ½
　白こしょう…少々
　ナツメグ…少々

合わせ調味料
　玉ねぎのすりおろし
　　…¼個分（50g）
　おろしにんにく…少々
　しょうゆ…大さじ2
　酢…大さじ½
　こしょう…少々

作り方

❶小さめのフライパンにサラダ油大さじ½を入れて中火で熱し、玉ねぎを炒める。飴色になったらバットに移し、しっかり冷ます。

❷ボウルにひき肉を入れ、下味の材料を加えて粘りが出るまでよく練り混ぜる。①、溶き卵、パン粉、牛乳を加えて、白っぽくなるまでさらに練り混ぜる。

❸2等分し、両手で10回ほどキャッチボールするように投げ、余分な空気を抜く。2㎝厚さの小判形に成形し、真ん中は少しくぼませる。

❹フライパンにサラダ油大さじ1を入れて中火で熱し、③を入れて3分焼く。上下を返し、こんがり焼き色がつくまで、さらに2分30秒～3分焼く。弱火にしてふたをし、さらに2分30秒焼き、火を止めてふたをしたまま5分おいて、余熱で火を通す。汁けをきって器に盛る。肉汁はフライパンに残す。

❺フライパンの肉汁に合わせ調味料を加えて中火にかけ、さっと煮立てて火を止め、ハンバーグにかける。好みでトマトやベビーリーフを添える。

Point

ハンバーグだねの合いびき肉は、豚:牛＝1:3の割合のものがベスト。練り混ぜるときは、ボウルの底から氷水を当てながら行なうと、肉の脂が溶けない。

ハンバーグは焼いていると中央が膨らんでくるので、成形するときは、中央を少しくぼませるのがポイント。

コク旨あったか

肉屋の肉豆腐

牛肉は脂身の多い安い薄切りで十分。
隠し味の赤ワインが、牛肉の余計なくさみを抑えて、
コクをプラスしてくれます。いったん冷ますことで味がしみます。

材料(2~3分)

牛薄切り肉…300g
木綿豆腐…1丁(300g)
玉ねぎ…1個
酒…大さじ2
みりん…大さじ2

煮汁

赤ワイン…大さじ2
しょうゆ…大さじ2
砂糖…大さじ1
和風だしの素…小さじ½
水…1カップ

作り方

❶玉ねぎは縦半分に切り、縦薄切りにする。豆腐は6等分に、牛肉は3~4cm幅に切る。

❷鍋に酒、みりんを入れて中火にかけ、ひと煮立ちしたら煮汁を加える。再び煮立ったら玉ねぎを加え、再度煮立ったら牛肉を加える。

❸牛肉の色が変わったら、豆腐を加えて弱火にし、アクを除く。オーブンペーパーで落としぶたをして10分煮る。火を止め、そのままおいて冷ます。

❹食べるときに再び火にかけて温め、器に盛り、好みで紅しょうがを添え、小ねぎの小口切りを散らす。

Point

赤ワインを加えることで、肉の旨味を引き出す。また、赤ワインに含まれるタンニンには、肉のくさみを消す効果も。

落としぶたをして煮ることで、少ない煮汁でも行き渡る。落としぶたは鍋に合わせて切ったオーブンペーパーでOK。

このたれでご飯3杯いける！

自慢の酢豚

肉に切り込みを入れることでやわらかくなり、味もよくからみます。
野菜と肉は別々に揚げてから合わせるのがコツ。
程良い酸味がクセになります。

材料(2人分)

豚肩ロースかたまり肉…150g
下味
　酒…大さじ½
　塩…少々
　砂糖…少々
玉ねぎ…⅛個(25g)
ピーマン…1個
赤パプリカ…½個
たけのこの水煮(市販品)…30g
揚げ油…適量
衣
　溶き卵…1個分
　片栗粉　大さじ½
合わせ調味料
　黒酢…大さじ4
　黒糖(または砂糖)…大さじ3
　しょうゆ…小さじ2
　オイスターソース…小さじ1
　片栗粉…小さじ1

作り方

❶玉ねぎはくし形切りに、ピーマン、パプリカは食べやすい大きさの乱切りにする。たけのこは流水で洗い、食べやすい大きさのいちょう切りにする。豚肉は大きめの一口大に切り、下味を揉み込み、10分ほどおく。ボウルに衣の材料を入れてよく混ぜる。

❷フライパンに揚げ油を2㎝深さまで入れて、中火で熱する。低温(160℃)になったら玉ねぎ、ピーマン、パプリカを入れ、さっと揚げて取り出す。

❸続けて豚肉を衣にさっとくぐらせてからフライパンに入れ、3分揚げる。いったん取り出し、5分おく。

❹揚げ油の温度を高温(180℃)に上げ、豚肉を戻し入れて表面がカリッとするまで1〜2分揚げ、油をきって取り出す。

❺フライパンをきれいにし、合わせ調味料を入れて、中火にかける。ひと煮立ちしたら木べらで混ぜ、とろみがついたら②、④を加えてよくからめる。

Point

衣をつけて揚げることで、肉の旨味が閉じ込められてジューシーに仕上がり、たれもよくからむ。

肉と野菜を分けて火を通すことで、それぞれがベストな仕上がりに。たれがからんだら、すぐに器に盛りつけて。

ホルモンしま田ってどんな店?

ホルモンしま田は群馬県に3店舗、埼玉県に1店舗をかまえる焼肉屋です。
YouTubeで〝ホルモンしま田チャンネル〟を配信したことで、
地方のお店でありながら、
全国のみなさんに知っていただけるようになってきました。

地元群馬で育てられる
豚の魅力を届けたい!

ホルモンしま田はその名の通り、内臓肉＝ホルモンがメインの焼肉屋です。お店では牛ホルモンも取り扱っていますが、何より、豚ホルモンの種類が豊富なことが特徴です。それは、地元群馬の畜産業がアツいから。なかでも豚の生産数は全国屈指です。そんな豚の内臓のおいしさを多くの方に知ってもらいたいと思い、日々頑張って営業しています。

最もこだわっているのは、肉の鮮度とたれの味。新鮮な肉を工夫を重ねた自家製だれで食べる焼肉は、最高のご褒美になると自負しています。

地元の仲間と抱いた夢が
徐々にカタチになっていく

はじめは、創業メンバーと「一緒に何かやりたいね」と話したことからスタート。居酒屋、焼鳥屋、バーなどいろいろなアイデアが浮かびましたが、最終的に焼肉屋をやろうと決意しました。はじめは僕もスタッフも、料理については素人同然。地元の老舗ホルモン屋さんで働きながら肉のことを教えていただき、仕入れ先やテナントも確保して、ついに2016年に念願の第1号店をオープンすることができました。その後、少しずつ店舗を増やし、今では群馬に3店舗、埼玉に1店舗を運営しています。

1号店である「千代田店」は、2023年の5月で7周年を迎えました。近年は、全国のみなさんに「おいしい」を届けるため、オリジナルスパイスミックスなどの物販にも力を入れています。

肉を研究することで
常に味をブラッシュアップ

現在はお店を経営する傍ら、YouTubeで〝ホルモンしま田チャンネル〟を発信しています。お店の経営とYouTubeの制作は、まったく別のベクトルのように感じるかもしれません。でも、自分たちにとってはどちらも「肉を研究する」というホルモンしま田の基本方針そのまま。これからも肉への知識を深め、お店を愛してくださるみなさまにおいしいお肉を届けていきたいです。

4 時限目

保存食

　現代は冷蔵技術や冷凍技術、運送技術なども発達し、いつでも安心な食材を食べることができます。でも、冷蔵庫などがない時代は、保存という技術はとても大事なものでした。

　保存食と聞くと、なんだか大げさなものをイメージしてしまいますが、ハムやソーセージ、ベーコンなどのほか、漬けものや梅干しも保存食の一種。塩漬けや燻製、乾燥などをさせることで、長期間保存できるようになるのです。

　現代では冷蔵庫がないために、長期保存を目的に塩漬け、燻製、乾燥をする人は少ないと思いますが、それでこそ味わえる食材の旨味があります。ぜひ挑戦してみてください。

清潔な容器に入れ、冷蔵庫など温度管理のできる場所で保管しましょう。空気には雑菌が多く含まれるため、なるべく空気に触れないようにすると長持ちします。ステンレスや琺瑯、ガラスの保存容器のほか、ジッパー付き保存用袋など自分の家に合った容器を選んで。

自家製燻製ベーコン

Arrange
⟶ ［ベーコン］

一度は食べたいごろっと感

ベーコンたっぷりカルボナーラ

自家製燻製ベーコン

燻製は専用のスモーカーがなくても、
鍋と網で代用可能。
一度ゆでることで、失敗が少なく
誰でも絶品ベーコンが楽しめます。

材料（作りやすい分量）

豚バラかたまり肉…500g
下味
　砂糖…大さじ2
　塩…大さじ1
　こしょう…小さじ2
　パプリカパウダー…小さじ¾
桜の燻製チップ…大さじ4〜6

作り方

❶豚肉に下味をすり込む。ラップで包み、保存用袋に入れて冷蔵室に3〜4日間おく。

❷豚肉を袋から取り出し、流水で洗う。

❸鍋に湯を沸かして②を入れ、弱火にしてふたをし、40分ゆでる。

❹取り出してペーパータオルで水けを拭き取り、バットにのせてラップをせずに冷蔵室に入れ、1〜2時間おいて表面を乾燥させる。

❺アルミカップに桜チップを大さじ2ほど入れ、別の鍋（焦げが付くので、あまり使わない鍋だとよい）の底に置き、その上に網をのせる。④を網にのせて中火にかけ、煙が出始めたら弱火にしてふたを少しずらしてのせ、途中で燻製チップが焦げてきたら1〜2回チップを入れ替えて、1時間30分〜2時間ほど燻製する。

＊保存容器に入れ、冷蔵室で2週間保存可能

桜の燻製チップ

燻製チップは木を細かく砕いたもので、桜の木はよく使われる。ホームセンターやアウトドアショップなどで購入可能。使い捨てのケーキ型用アルミカップに入れて使うと手軽。

Point

肉はできるだけ空気に触れないように、ラップでぴっちりと包む。空気に触れると傷みやすいので注意。

専用のスモーカーがなくても、ふた付きの鍋で代用可能。焦げが付くので、普段使わない鍋で行なう。途中でチップが焦げてきたら、アルミカップを取り出し、新しいチップに交換する。

ベーコンたっぷりカルボナーラ

自家製ベーコンのおいしさを生かすなら、
余計な具材は必要なし。
ゴロゴロと大きめにカットして。
仕上げはボウルで混ぜるから簡単です。

材料(1人分)

スパゲッティ(1.6mm)…100g
ベーコン(P.84参照)…80g
オリーブオイル…大さじ1
卵…1個

A
粉チーズ…大さじ2½
生クリーム…小さじ5
塩…小さじ⅓
こしょう…少々

作り方

❶ボウルに卵を溶き、Aを加えてよく混ぜる。ベーコンは一口大に切る。

❷鍋にたっぷりの湯を沸かし、塩適量(分量外)を入れ、スパゲッティを袋の表示時間通りにゆで始める。

❸フライパンにオリーブオイルを入れて中火で熱する。ベーコンを加えて弱火にし、カリッとするまで2分ほど炒め、①のボウルに入れる。

❹スパゲッティがゆで上がったら、湯をきってボウルに加え、よくあえる。器に盛り、好みでさらに粉チーズ、粗挽き黒こしょうをふる。

Point

スパゲッティは熱々のうちに卵液に加え、とろっと仕上げる。ここで味をみて塩けが足りないときは、塩少々で味をととのえる。

脂を加えずにさっぱり仕上げた

ヘルシーコンビーフ

Arrange
→ [コンビーフ]

わさびの辛さにハマる人続出！

わさびマヨコンビーフサンド

ヘルシーコンビーフ

じっくり煮込んだ牛肉を
フォークでほぐしてホロホロに。
市販品は最後に肉の脂を加えますが、
加えずに仕上げているからヘルシー。

材料（作りやすい分量）

牛肩ロースかたまり肉…500g
玉ねぎ…½個（100g）
セロリの粗みじん切り…1本分
ミックススパイス（下記参照）
　…大さじ2

マリネ液

にんにく…1片
塩…大さじ3
砂糖…大さじ3
ミックススパイス（下記参照）
　…大さじ1
水…1ℓ

作り方

❶鍋にマリネ液の材料を入れて中火にかけ、ひと煮立ちして塩、砂糖が溶けたら火を止める。そのままおいて完全に冷ます。

❷大きめの保存用袋に①と牛肉を入れ、空気を抜いて口を閉じ、冷蔵室に5日間おく。

❸牛肉を取り出し、流水でよく洗い、鍋に入れる。玉ねぎ、セロリ、ミックススパイス、水1ℓを加えて中火にかけ、沸騰したら弱火にしてふたをし、3時間30分煮る。

❹牛肉を取り出して、ペーパータオルで水けを拭き、フォークを使って繊維にそってほぐす。

＊保存容器に入れ、冷蔵室で1週間保存可能

Point

保存用袋にマリネ液と牛肉を入れ、肉がマリネ液から出ないように空気を抜く。空気に触れると傷みやすいので注意する。

ほぐすときは両手にフォークを持ち、繊維にそって引っ張りながら、裂くようにする。粗くほぐしたほうが、ボリューム感が出て◎。

ミックススパイス

材料（作りやすい分量）

クローブ…5個
ローリエ…1枚
シナモン…½本
こしょう…大さじ1
粗挽き唐辛子（韓国産）
　…大さじ½
オールスパイス
　…大さじ½
コリアンダーパウダー
　…大さじ½
ジンジャーパウダー
　…大さじ¼

作り方

ローリエとシナモンは手で粗く砕き、そのほかの材料とよく混ぜ合わせる。
＊保存容器に入れ、冷蔵室で3カ月間保存可能

わさびマヨコンビーフサンド

自家製のわさびマヨがポイント。
スパイスの香り、わさびのさわやかな辛さ、
マヨネーズのコクと酸味が
口の中でバランスよく混ざり合います。

材料(1~2人分)

わさびマヨネーズコンビーフ
ヘルシーコンビーフ
　（P.88参照）…100g
マヨネーズ…大さじ2½
練りわさび…小さじ1
レモン汁…小さじ½
こしょう…少々
あればガーリックパウダー
　…少々
食パン(8枚切り)…2枚
チェダースライスチーズ…2枚
ピクルスの縦薄切り…6枚
有塩バター…大さじ2

作り方

❶わさびマヨネーズコンビーフの材料をよく混ぜ合わせる。

❷パンの片面にバター大さじ1を塗る。パン1枚にスライスチーズ1枚をのせ、①をのせて広げ、ピクルス、スライスチーズ1枚をのせ、もう1枚のパンで挟む。

❸フライパンにバター大さじ1を入れて中火で溶かし、②を入れて焼く。こんがりと焼き色がつくまで両面焼いて取り出す。熱いうちにラップに包み、半分に切って、器に盛る。

Point

パンに具材を挟んだら、両面を焼いてチーズをとろけさせる。ラップに包むことで、中の具材がズレずにきれいに切れる。

冷蔵庫にあると安心！

中華風肉そぼろ

Arrange
⟶ [肉そぼろ]

まかないの大人気メニュー、作り方教えます！

肉たっぷり混ぜ担々麺

中華風肉そぼろ

中華系の調味料を使った甘辛仕上げ。
炒めものにプラスしたり、
豆腐にのせたりとアレンジは自由。
もちろんそのまま食べてもおいしい！

材料（作りやすい分量）

豚ひき肉…300g
しょうがのみじん切り…½かけ分
にんにくのみじん切り…1片分

合わせ調味料
　豆板醤…大さじ½
　甜麺醤…大さじ½
　紹興酒（または酒）…大さじ½
　しょうゆ…小さじ½
　砂糖…小さじ½
　白こしょう…少々

水溶き片栗粉
　片栗粉…小さじ1
　水…大さじ1

作り方

❶フライパンにひき肉、にんにく、しょうがを入れ、中火で炒める。肉の色が変わったら、合わせ調味料を加え、さらに炒める。

❷汁けが少なくなったら水溶き片栗粉を加えて混ぜ、かるくとろみがついたら火を止める。

＊保存容器に入れ、冷蔵室で1週間保存可能

Point

調味料は、小さいボウルなどに入れ、事前に混ぜ合わせる。こうすることで味にムラが出るのを防ぐ。

調味料が全体になじんだら、水溶き片栗粉でとろみをつける。全体に回し入れたら、ダマにならないようにすぐに混ぜる。

Arrange
→ [肉そぼろ]

肉たっぷり混ぜ担々麺

肉そぼろが麺にからみ合う、
濃厚汁なし担々風混ぜそば。
味噌ベースの漬け込みだれ(P.17)と
練りごまは、中華麺との相性抜群です。

材料(1人分)

中華風肉そぼろ(P.92参照)
　…30g
中華生麺…1玉
卵黄…1個

たれ

味噌ベースの漬け込みだれ
　(P.17参照)…大さじ1
白練りごま…大さじ1
しょうゆ…小さじ1
タテギ(P.60参照)…小さじ1
ごま油…小さじ1
湯…大さじ1

トッピング

タテギ(P.60参照)…適量
長ねぎの小口切り…適量
小ねぎの小口切り…適量
にらの小口切り…適量

作り方

❶ 麺は袋の表示時間通りにゆで、湯をきって器に盛る。たれの材料をよく混ぜる。

❷ 肉そぼろとトッピングをのせ、たれを回しかけ、中央に卵黄をのせる。好みでラー油をかけて食べる。

Point

たれはしっかり混ぜておくのがコツ。どろっとしているので、麺の上にポンポンとのせるようにし、よく混ぜて食べる。

93

ビールが止まらない！

やわらかチャーシュー

Arrange
⟶ [チャーシュー]

ねぎサラダだれがアクセントに！
贅沢チャーシュー丼

やわらかチャーシュー

一見難しそうなチャーシューも、
焼いてから煮込むと簡単。
はじめにまわりを焼き付ければ、
たこ糸で縛らなくても煮くずれません。

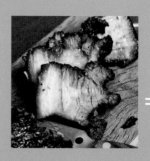

材料（作りやすい分量）

豚バラかたまり肉…500g
にんにくの薄切り…3片分
しょうがの薄切り…1かけ分
長ねぎの青い部分…1本
煮汁
> みりん…½カップ
> 酒…½カップ
> しょうゆ…大さじ5
> 旨味調味料…小さじ1
> 水…1カップ

作り方

❶フライパンを中火にかけ、油をひかずに豚肉を脂身を下にして入れる。脂が出てきたらにんにくを入れ、トングなどで返しながら全面にこんがりと焼き色がつくまで焼く。

❷鍋に煮汁、①の豚肉とにんにく、しょうが、長ねぎを入れて中火にかけ、沸騰したら弱火にする。アルミホイルで落としぶたをし、途中でアクや余分な脂を除き、上下を返しながら、1時間30分煮て、長ねぎとしょうがを除く。

＊汁ごと保存容器に入れ、冷蔵室で1週間保存可能

Point

豚肉の表面に焼き色をしっかりつけておくと、長時間煮ても煮くずれしにくい。また、余分な脂が落とせるので味がしつこくならない。

煮汁が少なめなので、アルミホイルを鍋に合わせて切り、落としぶたにして、煮汁が鍋の中で回るようにする。オーブンペーパーを使ってもOK。

Arrange
→[チャーシュー]

贅沢チャーシュー丼

ご飯にチャーシューを
のせるだけでもおいしいけれど、
ねぎサラダだれ(P.22)と温泉卵を
トッピングすればさらにゴージャスに!

材料(2人分)

やわらかチャーシュー(P.96参照)
　…200g
温かいご飯…どんぶり2杯分
ねぎサラダだれ(P.22参照)
　…適量
温泉卵…2個
たれ
　チャーシューの煮汁…70㎖
　砂糖…大さじ1

作り方

❶チャーシューを5㎜厚さに切る。

❷フライパンにたれの材料を入れ、中火にかける。ひと煮立ちしたら弱火にし、混ぜながらかるくとろみがつくまで煮る。

❸器にご飯を盛り、チャーシューをのせ、ねぎサラダだれ、温泉卵の順にのせ、②を回しかける。

Point

たれを煮詰めるときは、火が強すぎると焦げてしまうので注意する。たれが残ったら、そのまま白いご飯にかけるだけでもおいしい。

あまった鶏皮、捨てないで！

鶏油

鶏皮には脂分がたっぷり。水を加えて加熱していくと、鶏油がとれます。
炒めものに使ったり、ラーメンに浮かべたりすると味が数ランク上に！

材料（作りやすい分量）

鶏皮…500g
長ねぎの青い部分
　…1本

作り方

❶鶏皮は1〜2cm四方に切る。

❷フライパンに①、水50mℓを入れ、中火で加熱する。鶏皮の色が変わったら裏返して弱火にする。

❸長ねぎの青い部分を加え、時々混ぜながら5〜10分ほど煮て、火を止める。粗熱がとれたら、ざるで濾す。

＊保存容器に入れ、冷蔵室で1カ月間保存可能

Point

鶏皮自体から出た脂で、揚げ焼きのような状態になったらOK。鶏皮は塩、こしょうをふり、鶏皮チップスとしておつまみにしても。

豚の脂身が万能調味料に

ラード

チャーハンや炒めもののほか、とんかつの揚げ油に混ぜると、
コク深く、香り豊かに仕上がります。焦げないように混ぜながら加熱して。

材料（作りやすい分量）

豚の背脂…500g

作り方

❶背脂を1～2cm四方に切る。

❷鍋に①、水50mlを入れ、中火にかける。脂が出てきたら弱火にし、時々混ぜながら30～40分煮る。

❸火を止め、粗熱がとれたら、ざるで濾す。

＊保存容器に入れ、冷蔵室で1カ月間保存可能

Point

炒めると背脂から脂がどんどん出てくる。ざるで濾したものが、よく豚骨ラーメンで使われる「背脂」になる。ラーメンのほか、チャーハンなどに入れてもおいしい。背脂は精肉店などで購入可能。

4時限目 テーマ 保存食

牛の脂で料理に高級感をプラス

ヘッド

低温で加熱することで、脂がゆっくりと抽出されます。
焼肉やすき焼きのほか、肉じゃがなどの煮込み料理の風味づけにも！

材料（作りやすい分量）

牛脂…500g

作り方

❶牛脂は1～2cm四方に切る。

❷鍋に牛脂、水50mlを入れ、中火にかける。脂が出てきたら弱火にし、時々木べらで混ぜながら30～40分煮る。

❸火を止め、粗熱をとって、ざるで濾し、肉かすと脂分に分ける。

＊保存容器に入れ、冷蔵室で1カ月間保存可能

Point

脂から肉かすを除いた脂分がヘッドになる。ステーキを焼くときの油として使えば、いつもよりも味わいがグレードアップする。牛脂は精肉店などで購入できる。

コラーゲンたっぷり！

肉かすうどん

ヘッドを作るときにできた肉かすは、コラーゲンたっぷりで低脂肪。
うどんのスープに入れて煮込むと、旨味がにじみ出ます。

材料（1人分）

冷凍うどん…1玉
肉かす（上記参照）
　…大さじ4
小ねぎの小口切り
　…適量
白いりごま…適量
スープ
｜白だし…大さじ2
｜しょうゆ…小さじ2
｜水…300ml

作り方

❶うどんは袋の表示時間通りにゆで、水けをきって器に盛る。

❷鍋にスープの材料と肉かすを入れて中火にかけ、ひと煮立ちしたら火を止める。①の器に注ぎ、小ねぎとごまをふる。

Point

しっかり煮て旨味を引き出し、肉かすの風味をスープに移す。肉かすも水分を吸うことで、プルプルの食感になる。

実は簡単！　酒のつまみに最高

手作りビーフジャーキー

牛肉を低温でローストして水分を除くと、定番つまみのビーフジャーキーに。
唐辛子や黒こしょうを足すなど、自分好みにアレンジしてもOK。

材料（作りやすい分量）

牛薄切り肉…500g
マリネ液
　にんにくのみじん切り…2片分
　しょうゆ…½カップ
　ビール…½カップ
　ウスターソース…¼カップ
　ブラウンシュガー（または砂糖）…¼カップ
　こしょう…大さじ1
　オニオンパウダー…小さじ1
　粗挽き唐辛子（韓国産）…小さじ1

作り方

❶牛肉はボウルに入れ、マリネ液を揉み
込む。汁ごと保存用袋に入れ、空気を抜
いて口を閉じ、冷蔵室に一晩おく。

❷オーブンを100℃に予熱し、天板にオー
ブンペーパーを敷く。

❸①の保存用袋から牛肉を取り出してペー
パータオルで汁けを拭き、天板に重なら
ないように並べる。100℃のオーブンで60
分焼き、いったん天板を取り出す。牛肉を
裏返し、再度オーブンに入れて60分焼き、
そのままおいて完全に冷ます。

＊保存容器に入れ、冷蔵室で1週間保存可能

Point

ビール入りのマリネ液を揉み込ん
で、牛肉をやわらかく保ちながら
味をしっかり浸透させる。

オーブンに並べるときは、きちんと
間隔を空けること。重なっている
と、その部分の水分が肉に残っ
てしまう。

馬のさいぼし

馬肉を塩水につけ、天日干しもしくは燻製して
水分を抜いた日本古来の保存食。
ハムのようなやわらかな食感で、お刺身感覚で食べられます。

材料（作りやすい分量）

馬赤身かたまり肉…200g
ソミュール液
　塩…大さじ2
　砂糖…大さじ2
　水…300㎖
桜の燻製チップ…大さじ2

作り方

❶保存用袋にソミュール液の材料を入れる。馬肉は流水でさっと洗って保存用袋に入れ、空気を抜いて口を閉じる。冷蔵室に1〜3日間おく。

❷保存用袋から馬肉を取り出す。ボウルにたっぷりの水を入れて馬肉を入れ、途中何度か水を替えながら、30分〜1時間塩抜きする。馬肉の水けをペーパータオルでしっかり拭く。

❸アルミカップに桜チップを入れ、鍋（焦げが付くので、あまり使わない鍋だとよい）の底に置き、その上に網をのせる。②を網にのせて中火にかけ、煙が出始めたら弱火にしてふたを少しずらしてのせ、30分ほど燻製にする。

❹馬肉をバットなどに取り出して粗熱をとり、ラップをかけて冷蔵室で冷やす。4㎜厚さに切って器に盛り、好みでおろしにんにくやおろししょうがを添える。

＊保存容器に入れ、冷蔵室で1週間保存可能

Point

保存袋に入れ、空気をできるだけ抜くことで、肉が傷むのを防ぎ、肉にしっかり塩味がつく。

塩抜きをしたら、切らずにそのまま燻製にする。カットするとまるで馬刺しのような鮮やかな赤色に。

沖縄風ベーコン

スーチカー

豚バラ肉を塩漬けにして数日おき、ゆでるだけ、と簡単。
熟成させているので
ベーコンのような旨味があります。

材料（作りやすい分量）

豚バラかたまり肉…500g
塩…大さじ2

作り方

❶豚肉は流水でさっと洗い、ペーパータオルで水けを
拭く。分量の塩を揉み込み、ラップで包んで保存用
袋に入れ、冷蔵室に3〜4日間おく。

❷保存用袋から豚肉を取り出し、ラップも除く。ボウ
ルにたっぷりの水を入れて豚肉を入れ、途中何度か
水を替えながら、30分塩抜きする。

❸鍋にたっぷりの水と②を入れ、強火にかける。沸騰
したら弱火にし、40分ゆでて火を止める。豚肉をいっ
たん取り出し、湯を捨て、再度たっぷりの水で同様に
40分ゆでる。

❹食べやすく切って器に盛り、好みでシークワーサー
などのかんきつ類を添え、搾って食べる。

＊保存容器に入れ、冷蔵室で1週間保存可能

Point

冷蔵庫がない時代に生まれた保
存食なので、塩は一般的な料理
に比べてかなり多め。沖縄産の
塩を使うとさらに本格味に。

塩を揉み込んだら、肉が空気に
触れないようにぴっちりとラップを
する。冷蔵室に3〜4日間ほどお
いて熟成させ、旨味を凝縮させる。

5
時限目

テーマ 世界の肉料理

キューバ
Cuba

具だくさん
ジューシーキューバサンド
Page.110

カナダ
Canada

絶品プルドポークライス
Page.112

アメリカ
USA

簡単お手軽ボリューミーチーズステーキ
Page.114

日本で肉を食べる習慣が一般に広がったのは、明治時代からです。そう考えるとまだまだ日本では、肉を食べる文化は始まったばかりと言えるかもしれません。世界に目を向けると肉を食べる文化は古く、焼く、煮るなどの一般的な調理以外にも燻製にしたり、スパイスを使ったりなど、その土地ごとに工夫がされて独自の進化を遂げています。

アメリカ
USA

旨辛バッファローウィング
Page.116

韓国
Korea

韓国風焼肉プルコギ
Page.118

台湾
Taiwan

本格台湾ルーローハン
Page.120

一度食べたらこのカリッと食感にハマる！
具だくさん
ジューシーキューバサンド

キューバ
Cuba

キューバ発祥のサンドイッチ。本場はキューバンブレッドと呼ばれる
細長いパンを使用しますが、今回はバゲットで代用しています。

材料（3人分）

豚肩ロースかたまり肉…500g
下味
　クミンパウダー…小さじ2
　オレガノ（ドライ）…小さじ2
　塩…小さじ2
　こしょう…小さじ1
にんにく…4片
オリーブオイル…大さじ3½
粗挽き唐辛子（韓国産）…小さじ¼
バゲット…1本
フレンチマスタード…小さじ6
溶けるスライスチーズ…6枚

ピクルスの縦薄切り…18枚（2〜3本分）
ロースハム…6枚
塩…少々
こしょう…少々
煮汁
　玉ねぎの薄切り…1個分（200g）
　ライムの搾り汁…1個分
　オレンジジュース…1カップ
　ローリエ…2枚
　鶏がらスープの素…小さじ1
　水…1カップ

作り方

❶にんにくは包丁の腹で潰す。豚肉に下味を揉み込む。

❷厚手の鍋にオリーブオイル大さじ2、①のにんにく、唐辛子を入れて中火にかけ、香りが立ったら①の豚肉を入れ、全面にこんがりと焼き色がつくまで返しながら焼く。

❸煮汁を加えてふたをし、ふつふつしたら弱火にして、時々アクを除きながら80〜90分煮る。火を止め、そのまま冷めるまでおき、5mm厚さに切る。肉汁は取りおく。

❹バゲットを3等分に切る。それぞれ厚みの半分に切れ目を入れ、マスタードを等分に塗り、スライスチーズ1枚、ピクルス6枚、ハム2枚を重ね、塩、こしょうをふる。③の豚肉の⅓量をのせ、③の肉汁少々、スライスチーズ1枚をのせて挟む。

❺フライパンにオリーブオイル大さじ1½を入れて中火で熱し、④をのせる。パンをステンレスのボウルの底や厚手の鍋のふたなどで平たく潰しながら、両面がカリッとするまで3分〜3分30秒焼く。ななめに切って器に盛る。

肉の煮汁に加えるオレンジジュースの酸味とライムの香りが、キューバサンドの味の決め手になる。

ステンレスのボウルの底や厚手の鍋のふたを押し当てて、平たく潰しながら両面を焼く。大きいので、1枚ずつ焼いたほうがキレイに仕上がる。あればホットサンドメーカーを使うと手軽。

煮込んで作るホロホロ豚肉！

絶品プルドポークライス

アメリカの三大BBQ料理のひとつ。
グリルする場合は6時間近くかかりますが、
鍋で煮込むことで時短に。
ご飯にのせてアレンジしました。

カナダ
Canada

材料（4人分）

豚肩ロースかたまり肉…500g
下味
　こしょう…大さじ2
　パプリカパウダー…大さじ1
　ガーリックパウダー…大さじ1
　塩…小さじ2
オリーブオイル…大さじ1
ターメリックライス（P.113参照）
　　…適量
レタスの細切り…¼個分
トマトの角切り…1個分
ターメリックライス（右記参照）
　　…どんぶり4杯分
煮汁
　トマトケチャップ…大さじ8
　白ワインビネガー…50mℓ
　ウスターソース…大さじ2
　ブラウンシュガー…大さじ2
　フレンチマスタード…小さじ2
　ガーリックパウダー…小さじ2
　カイエンペッパー…小さじ½
　水…1½カップ
ヨーグルトソース
　おろしにんにく…1片分
　マヨネーズ…大さじ4
　プレーンヨーグルト…大さじ2
　オリーブオイル…大さじ½
　レモン汁…小さじ1
　オレガノ（ドライ）…少々

作り方

❶豚肉はバットに入れ、下味をまぶしてラップをかけ、室温に30分おく（夏場は冷蔵室におく）。

❷厚手の鍋にオリーブオイルを入れて中火で熱し、①を入れて全面にこんがりと焼き色がつくまで返しながら焼く。

❸煮汁を加え、沸騰したら弱火にし、オーブンペーパーで落としぶたをする。時々アクを除きながら3時間煮て火を止め、そのままおいて冷ます。煮汁は取りおく。

❹豚肉を取り出して、ペーパータオルで汁けを拭き、フォークを使って繊維にそってほぐす。

❺煮汁でソースを作る。③の鍋を再び中火にかけ、煮立ったら弱火にし、かるくとろみがつくまで煮る。

❻器にターメリックライスを盛り、レタス、④をのせ、トマトを添える。ヨーグルトソースの材料を混ぜ、⑤のソースとともにかける。

POINT

肉にスパイスの入った下味をしっかり揉み込み、室温に戻す。暑い夏場は冷蔵室においたほうがよい。

ヘルシーコンビーフ（P.88参照）と同じように、両手にフォークを持ち、繊維にそって引っ張りながら、裂くようにほぐす。

ターメリック ライス

材料と作り方（作りやすい分量）

米2合は洗って炊飯器の内釜に入れ、普通に水加減し、ターメリック小さじ½、塩小さじ¼、有塩バター10gを加えて普通に炊く。炊き上がったら切るように混ぜる。

チェダーチーズがとろ～り
簡単お手軽
ボリューミーチーズステーキ

**アメリカ
USA**

フィラデルフィア発祥のサンドイッチ。
厳密にはパンやチーズに地元のこだわりがありますが、
手に入りやすいバゲットとチェダーチーズで再現！

材料（2人分）

牛リブロース薄切り肉…300g
玉ねぎのみじん切り…½個分
サラダ油…大さじ2
塩…小さじ½
こしょう…少々
溶けるチェダースライスチーズ…4枚
マヨネーズ…大さじ4
バゲット…1本
にんにくバター
　おろしにんにく…2片分
　バター（食塩不使用）…大さじ4

作り方

❶にんにくバターを作る。バターは室温に戻し、にんにくを加えて混ぜる。

❷バゲットは半分に切り、それぞれ厚みを半分に切って開き、①を等分に塗る。

❸フライパンを中火にかけ、②のにんにくバターを塗った面を下にして3分ほど焼き、取り出す。

❹続けてフライパンにサラダ油を入れ、玉ねぎを入れて炒める。きつね色になったらいったん取り出す。

❺同じフライパンに牛肉を入れ、色が変わるまで炒めて、塩、こしょうで調味する。④を戻し入れて、なじむまで炒め合わせる。火を止めてチーズをのせ、予熱で溶かす。③のパンに等分にのせて挟む。

POINT

フライパンで表面を焼いたが、大きめのトースターを持っている人はトースターで焼いてもOK。

焼いた熱々の肉の上にチーズをのせて予熱で溶かし、フライ返しを使ってスライドさせるようにパンにのせると簡単。

旨辛バッファローウィング

ビールのつまみの新定番

アメリカでビールのお供といえばコレ！
辛く味つけされた手羽先は、
濃厚ブルーチーズソースで食べることでマイルドになります。

材料(2~3人分)

鶏手羽先…300g
セロリの細切り…½本分
揚げ油…適量

衣
　薄力粉…50g
　塩…小さじ¼
　パプリカパウダー…小さじ¼
　カイエンペッパー…小さじ¼
　A
　　バター(食塩不使用)…30g
　　タバスコ…大さじ2
　　こしょう…少々
　　ガーリックパウダー…少々

ブルーチーズソース
　ブルーチーズ……20g
　玉ねぎのみじん切り…大さじ½
　パセリのみじん切り…大さじ½
　マヨネーズ…大さじ2½
　ヨーグルト…大さじ2
　レモン汁…小さじ½
　白ワインビネガー…小さじ½
　おろしにんにく…小さじ¼
　塩…少々
　こしょう…少々

作り方

❶バットに衣の材料を入れてよく混ぜる。手羽先を入れてしっかりまぶし、ラップをかけて冷蔵室に30分ほどおき、衣をなじませる。

❷フライパンに揚げ油を3cm深さまで入れて、中火で熱する。中温(170℃)になったら①を入れ、途中返しながら6分揚げる。カラリとしたら取り出して、油をきる。

❸フライパンをきれいにし、Aを入れて弱火にかけ、バターを溶かす。②を入れて、さっとからめる。軽く汁けをきって器に盛り、セロリを添える。ブルーチーズソースの材料を混ぜ、別の器に入れて添え、つけて食べる。

POINT

揚げた手羽先にバターやスパイスをからめ、リッチな味わいに。器に盛るときは、余分な汁けをきる。

ソースの味の決め手は、ヨーグルトとブルーチーズ。ブルーチーズの独特な香りと酸味がクセになる味わい。

韓国風焼肉プルコギ

漬け込みだれが生きてくる

韓国
Korea

日本でも有名な韓国料理のひとつ。プルは火、コギは肉を意味しています。
たれを揉み込んだ肉をフライパンで焼くだけなのでお手軽です。

材料(2〜3人分)

牛切り落とし肉…300g
玉ねぎ…¼個(50g)
にんじん…¼本(30g)
にら…½束
糸唐辛子…適量
小ねぎの小口切り…適量
白いりごま…適量

漬け込みだれ

しょうゆベースの漬け込みだれ
　(P.14参照)…90㎖
ごま油…大さじ1
こしょう…少々

作り方

❶ 玉ねぎは薄いくし形切りに、にんじんは5㎝長さの短冊切りに、にらは5㎝長さに切る。

❷ ボウルに①、牛肉、漬け込みだれの材料を入れて揉み込み、ラップをかけて冷蔵室に1時間おく。

❸ フライパンを中火にかけ、②の汁をきって入れ、炒め合わせる。肉に火が通ったら器に盛り、小ねぎ、白いりごまをふり、糸唐辛子をのせる。

POINT

漬け込みだれが全体に行き渡るまでしっかり揉み込む。手を汚したくない人は、ポリ袋などに入れて上から揉んでもOK。

スパイス香る屋台めし

本格台湾ルーローハン

台湾
Taiwan

台湾の屋台料理で、甘じょっぱいたれで煮込んだ豚バラ肉を
ご飯にかける、日本の牛丼のようなファストフード。
八角と五香粉が味の要です。

材料(4人分)

豚バラ肉かたまり肉…500g
長ねぎの青い部分…1本分
しょうがの薄切り…1かけ分
砂糖…大さじ1
黒酢…小さじ2
温かいご飯…茶碗4杯分
たくあんの薄切り…適量

合わせ調味料
しょうゆ…大さじ2
紹興酒…小さじ2
にんにくのみじん切り
　　…1片分
しょうがのみじん切り
　　…1かけ分

煮汁
フライドエシャロット…20g
八角…1個
ローリエ…1枚
砂糖…大さじ1
五香粉…小さじ¼
こしょう…少々
水…1カップ

作り方

❶ 鍋にたっぷりの湯を沸かし、豚肉、長ねぎ、しょうがを入れて15〜18分ゆでる。豚肉を取り出して氷水で冷やし、1cm角に切る。

❷ 鍋をきれいにし、①と合わせ調味料を入れて中火にかける。

❸ フライパンに砂糖と水50mℓを入れて中火にかけ、キャラメル色になったら火を止める。熱いうちに②の鍋に加えて混ぜる。

❹ 煮汁のローリエと八角をだし用の不織布パックに入れる。ほかの煮汁の材料と一緒に②の鍋に加え、煮立ったら弱火にし、黒酢を加える。ふたをして、途中でアクを除き、時々混ぜながら、とろみがつくまで40〜50分煮て、だし用パックを除く。

❺ 器にご飯を盛り、④をかけ、たくあんを添える。

POINT

最初にたっぷりの湯で下ゆでして、余分な脂や肉のくさみをとるのがポイント。

煮汁に加えるスパイスは八角、五香粉、ローリエの3種。特に八角と五香粉の風味が、ルーローハンには欠かせない。フライドエシャロットは輸入食材店などで購入可能。ない場合は、市販のフライドオニオンで代用してもOK。

ブッチャーしまだとYouTube

YouTubeで配信している〝ホルモンしま田チャンネル〟。
初めはスタッフに肉の扱い方や料理の基本を伝えるための
記録映像でしたが、今では登録者数51万人を突破。
肉の可能性をとことん追求するため、さまざまな企画に挑戦しています。

お店を守るために始めた YouTubeで名が全国区へ

新型コロナウイルスの影響によってお店の営業ができなくなり、飲食店の多くがテイクアウト、デリバリー、キッチンカーなどに業態を変更しました。そんなときに自分たちにできることは何かと考え、今後お店が再開した際に使えるように、従業員用の教育動画を記録しておこうと思ったのが、YouTubeを始めたきっかけです。

編集は別のスタッフがやってくれていますが、撮影は基本的に店舗の厨房や客席を利用して、ほとんど1人で行なっています。割と孤独な作業です。でも、続けたことでたくさんの人に見ていただけるようになり、県外から来てくれるお客様が増えました。なかには、ホルモンしま田にくるために、旅行先に群馬を選んでくれる方もいたりと、本当にありがたい限りです。

まわりのすべてをヒントにし スタッフみんなで企画！

毎回の動画のテーマは、SNSやインターネット、テレビ、本、日常の疑問や興味など、あらゆるところからヒントを集め、スタッフみんなで話し合って決めています。時には、視聴者の方のコメントを参考にさせていただくこともあり、とても感謝しています。反応がいい場合などはシリーズ化したり、似たような企画を横に展開したりすることもあります。

企画をカタチにしながら 自分の中に取り入れていく

YouTubeを始めてからは、記録が動画で残っていくので、物事を多角的に見るクセがつきました。この方法で本当に伝えたいことが伝わっているのか、表現の仕方は適切なのか、うっかり誰かを傷つける内容になっていないかなど、さまざまな角度で考えてから投稿するようになりました。この姿勢をメインの焼肉屋でも生かしていくのが、今後の自分への課題ですね。

企画を通して、今まで以上に世界の肉料理や知らなかった食材に触れることができたのも大きな収穫でした。まだまだ知らないことはたくさんあるので、今後も企画は尽きなさそうです。

6 時限目

肉のお供

　一緒に食べると、もっと肉がおいしく感じる。そんなお供をご紹介します。実はこれらは、ホルモンしま田で出しているサイドメニューや〆の一品。お店では仕込み時間を長くとったり、手に入りにくい材料も使ったりするので厳密にいうとレシピは若干異なりますが、家庭で再現しやすいようにレシピを調整しました。

　肉を食べたときに、どんなものを合わせるのがベストなのか。この7年間、実際にお店で試行錯誤してきた結果です。とはいえ、あくまでも脇役なので、ささっと短時間で作れたり、作りおきできたりするものが多いのもポイント。普段のメニューに何か一品、加えてみてください。

焼肉の主役は圧倒的に肉、最高のお供は白いご飯。
それだけで文句はないけれど、
用意するとさらにうれしくなる名脇役たち。
明日への活力は、おいしい食事があってこそ。

肉を食べていると、さっぱりしたものが欲しくなる。そんなときに役立つ焼肉屋の定番。味がぼやけないように、水けをしっかりきるのがコツです。

サッと作れる気軽な一品
もやしナムル

材料(2〜3人分)

もやし…200g

あえ衣

おろしにんにく…½片分

塩ベースの漬け込みだれ
（P.17参照）…大さじ2

しょうゆ…小さじ1

白すりごま…小さじ1

作り方

❶ 鍋に湯を沸かして塩少々（分量外）を入れ、もやしを30秒ゆでる。ざるに上げて湯をしっかりきる。

❷ ボウルにあえ衣の材料を入れて混ぜ、①を加えてあえる。

*保存容器に入れ、冷蔵室で3日間保存可能

お店の大人気ドレッシングを再現！

しま田サラダ

- - - - - - - - - - - -

材料(2〜3人分)

レタス…¼個（80g）

きゅうり…½本

水菜…1束

トマト…½個

玉ねぎ…¼個（50g）

こしょう…少々

マヨネーズドレッシング

　マヨネーズ…大さじ4

　しょうゆベースの漬け込みだれ

　　（P.14参照）…大さじ1⅓

作り方

❶レタスは手で食べやすい大きさにちぎる。きゅうりは食べやすい大きさの半月切りに、水菜は5cm長さに、トマトは一口大のくし形切りに、玉ねぎは縦薄切りにする。

❷①を器に盛り、マヨネーズドレッシングの材料をよく混ぜてかけ、こしょうをふる。

野菜自体はベーシックなものばかりですが、
ポイントはドレッシング。
しょうゆベースの漬け込みだれ（P.14）と
マヨネーズで、驚くほどおいしく！

焼肉屋の定番おつまみ
しゃきっと塩キャベツ

材料(2〜3人分)

キャベツ…80g
塩ベースの漬け込みだれ(P.17参照)
　　…大さじ1
おろしにんにく…¼片分
白いりごま…1つまみ

作り方

❶キャベツは食べやすい大きさに切る。

❷ポリ袋にすべての材料を入れてしんなりするまで揉む。

＊保存容器に入れ、冷蔵室で3日間保存可能

ざく切りしたキャベツを
塩ベースの漬け込みだれ(P.17)とあえるだけ。
白いりごまとにんにくの風味がアクセントになっています。

かるい発酵で食べやすい
さっぱり水キムチ

しま田で期間限定で出していた幻のメニュー。通常のキムチとは違い、さっぱりとしているから、サラダ感覚で食べられます。

材料（作りやすい分量）

白菜…2枚（200g）
大根…5cm分（200g）
きゅうり…1本
りんご…½個
塩…小さじ2

漬け汁

　おろしにんにく…2片分
　おろししょうが…1かけ分
　赤唐辛子の輪切り…1つまみ
　塩…小さじ4
　砂糖…大さじ½
　水…3カップ

作り方

❶白菜は5㎝幅に、大根は食べやすい大きさのいちょう切りに、きゅうりは輪切りにする。りんごは縦4等分してから、横薄切りにする。

❷大きめのボウルに白菜、大根、きゅうり、塩を入れて軽く揉み、30分おく。

❸りんごと漬け汁の材料を加え、よく混ぜる。保存容器に移し、ふたをして常温で半日から1日おいて発酵させる。小さな泡が出てきたら、冷蔵室に入れる。

＊冷蔵室で2週間保存可能

水キムチが大変身！

〆の冷麺

酸味と辛さのバランスが良く、野菜の旨味たっぷりの水キムチの汁は、冷麺のスープにアレンジ。トッピングはお好みでOKです。

材料(1人分)

冷麺…1袋

スープ

水キムチの汁(P.129参照)…1カップ

酢…大さじ1

しょうゆ…小さじ1

ごま油…小さじ½

トッピング

スーチカー(P.107参照)の薄切り
　…3切れ

ゆで卵…½個

水キムチ(P.129参照)…適量

糸唐辛子…少々

作り方

❶鍋にたっぷりの湯を沸かし、冷麺を袋の表示時間通りにゆでる。ざるに上げ、流水で洗って水けをよくきり、器に盛る。

❷スープの材料を混ぜて①に注ぎ、トッピングをのせる。

肉に合う炭水化物ナンバーワン
最強のねぎご飯

材料(1人分)

温かいご飯…茶碗1杯分
刻みねぎだれ(P.21参照)…大さじ3
卵黄…1個
韓国海苔…小1〜2枚

作り方

❶ご飯を茶碗に盛り、刻みねぎだれをかける。

❷中央に卵黄をのせ、まわりに韓国海苔をちぎってのせる。好みで塩ベースの漬け込みだれ(P.17参照)をかける。

家焼肉の日は、白飯もいいですが、せっかくなら焼肉屋のように
ねぎご飯を合わせてみましょう。
刻みねぎだれ(P.21)と卵黄、韓国海苔をのせるだけで完成です。

牛肉の旨味たっぷり

熱々カルビスープクッパ

材料(4人分)

牛カルビ薄切り肉…150g
大根…5cm分
にんじん…3cm分
にら…½束
しいたけ…1個
にんにくの薄切り…2片分
溶き卵…4個分
温かいご飯…茶碗4杯分
サラダ油…小さじ1

合わせ調味料

しょうゆ…大さじ2
鶏がらスープの素
　…大さじ1
粗挽き唐辛子(韓国産)
　…小さじ1
砂糖…小さじ1
塩…小さじ1
ごま油…小さじ1

お店のレシピよりも簡易的に作っていますが、
味わいは本格的。
スープだけで食べてもおいしいけれど、
ご飯にかけてクッパにすれば〆として完璧!

作り方

❶大根、にんじんは食べやすい大きさのいちょう切りに、にらは5cm長さに切る。しいたけは薄切りにする。

❷鍋にサラダ油を入れて中火で熱し、にんにくを炒める。香りが立ったら牛肉を加え、さらに炒める。肉の色が変わったら水1ℓを加え、大根、にんじん、しいたけを加えて10分煮る。

❸合わせ調味料を加えて混ぜ、にらを加えてさっと煮る。溶き卵を少量ずつ注ぎ、卵が浮き上がるまで1〜2分煮る。

❹器にご飯を盛り、③をかける。好みで糸唐辛子をのせる。

にんにく好きが
にんにく好きのために作ったガーリックライス。
刻みにんにくだれ（P.23）を作っておけば、
食べたいときにいつでも作れます。

スタミナ満点！にんにく好きが作る
本気のガーリックライス

材料(1人分)

ご飯…茶碗大盛り1杯分(180g)
有塩バター…10g
刻みにんにくだれ(P.23参照)…大さじ1
しょうゆ…小さじ2
小ねぎの小口切り…適量
白いりごま…少々
パセリ(ドライ)…少々

作り方

❶フライパンにバターを入れて中火で熱し、刻みにんにくだれを炒める。

❷香りが立ったらご飯を加えて炒め合わせ、全体が混ざったら、しょうゆを回しかけてさっと炒める。

❸器に盛り、小ねぎを散らし、ごま、パセリをふる。

133

おわりに

　ホルモンしま田の代表、ブッチャーしまだです。この度は、本書をお手にとってくださりありがとうございました。

　これまでは本は読む側でしたが、いざ作る側に立ってみると、今まで自分がなんとなく眺めていた本にも、裏側にはこんな努力があるんだという気づきを得られました。世の中にはまだ自分が知らないことがたくさんあるのだと改めて知る機会になり、本に対する興味がさらに湧いてきました。

　実は、僕は焼肉屋になるまでは、そこまで焼肉が好きではありませんでした。肉がよくわからないので、魅力を理解しきれなかったのです。でも、肉についての知識が深まるにつれて、いつしか焼肉が大好きになっていきました。

　僕が今回本を作ることを通して、もっと本が好きになったように、肉を知れば、もっと焼肉が好きになる人がいるかもしれません。

　好きなことが増えたら、人生はもっと豊かで、楽しいものになるはずです。そんな小さなきっかけとして、この本が役に立ってくれたらうれしいです。

ホルモンしま田
チャンネルは
こちら！

ホルモンしま田

群馬県前橋市と高崎市、埼玉県熊谷市でホルモン焼肉店「ホルモンしま田」を経営。ブッチャーしまだは、店の代表を務める。ブッチャーしまだがさまざまな肉を使っておいしく料理をする、YouTubeチャンネル「ホルモンしま田」が人気を博し、登録者数は51万人（2024年1月現在）に。現在は焼肉店の経営のほか、オリジナルのたれや塩など、肉をおいしく食べる調味料の開発や販売も行なっている。

ホルモンしま田の世界一わかりやすい
肉の学校

2024年2月1日　初版発行

著者　　ホルモンしま田
発行者　山下　直久
発行　　株式会社KADOKAWA
　　　　〒102-8177
　　　　東京都千代田区富士見2-13-3
　　　　電話0570-002-301（ナビダイヤル）
印刷所　TOPPAN株式会社
製本所　TOPPAN株式会社